W0074499

RORORO SPRACHEN

Herausgegeben von Ludwig Moos

¡Pero qué bien que habla!
Wer dieses Buch intus hat, der wird Erstaunen ernten bei Spaniern und Lateinamerikanern. Wortschatz und Grammatik sind die Voraussetzung für die ordentliche Beherrschung jeder Sprache. Wer aber sicher auf der sprachlichen Klaviatur spielen möchte, der kommt um die Idiomatik nicht herum. **Dichos y Frases** präsentiert die wichtigsten spanischen Redensarten und Wendungen gleich dreifach: im Kontext unterhaltsamer Kurzstories, in lockeren Übungen zum Einschleifen und systematisch aufgelistet zum Nachschlagen.

Dichos y Frases

Der Schlüssel zu den spanischen Redewendungen

von
Christof Kehr
und
Ana Rodríguez Lebrón

mit Zeichnungen von
Detlef Surrey

rororo

Rowohlt

DICHOS Y FRASES

IMPRESSUM

Originalausgabe

Veröffentlicht im
Rowohlt Taschenbuch Verlag GmbH,
Reinbek bei Hamburg, Januar 1993

Umschlagillustration
Gerd Huss

Umschlagtypographie
Büro Hamburg/Peter Wippermann

Layout und Grafik
Iris Christmann/Alexander Urban

Satz Times und Futura
PostScript Linotype Library, QuarkXPress 3.1
Clemens Schleussner Fotosatz, Wiesbaden

Gesamtherstellung
Clausen & Bosse, Leck

Printed in Germany
1490-ISBN 3 499 19373 6

INHALT

VORWORT

Die «Metaphern des Volkes» hat sie ein Dichter genannt, die Redensarten, die zur richtigen Zeit an der richtigen Stelle mehr sagen als umständliche Erklärungen. Die Spanier geizen nicht mit diesen Floskeln – im Gegenteil. Die Kinder schnappen sie schon früh auf, und manch Alter wird für weise gehalten, weil sein Repertoire an solchen bildhaften Hülsen schier unerschöpflich scheint. Die *modismos y refranes*, die Redensarten und Sprichwörter, gehören genauso zum Vokabular der Alltagssprache wie Substantive und Interjektionen. Manche haben im Deutschen eine wortwörtliche Entsprechung: *de pies a cabeza* – von Kopf bis Fuß, oder *tirar la toalla* – das Handtuch werfen. Andere scheinen ein Geheimnis in sich zu bergen. Der Nicht-Spanier kann sich nicht ohne weiteres erklären, woher beispielsweise die Wendung kommen mag: *cortarse la coleta* – den Beruf an den Nagel hängen. Eigentlich heißt das, sich den Zopf abschneiden. Die Erklärung finden wir in der Tauromachie: Der Torero trug früher einen Zopf und schnitt ihn sich ab, sobald er sich aus der Arena zurückzog. Heute heften die Toreros sich nur noch für die Dauer der *corrida* ein künstliches Zöpfchen an. *Pasan los tiempos* – die Zeit vergeht, und die Umstände ändern sich, aber manche Ausdrücke bleiben dennoch bestehen.

Wie entstehen Redensarten? Nicht nur Dichter sind Wortschöpfer und Erneuerer der Sprache. Auch im Volk gibt es Menschen, die zusammenfügen, was vorher nicht zusammengehörte, oder die einfach etwas so neu erfinden, daß jeder gleich versteht, worum es geht. Meist sind die Redensarten Ausdruck von Lebensverhältnissen, beziehen ihre Bilder aus dem Alltag und verbergen hinter sich Geschichten und Geschichte: *Coser y cantar* – nähen und singen, was soll das heißen? Es bedeutet nichts anderes als kinderleicht und kommt daher, daß die Mädchen während ihrer Näharbeiten sich mit dem Singen von Liedern vergnügten. Und was Mädchen können – findet das Volk –, das kann ja wohl nicht allzu schwer sein. Oder: *Saber una cosa al dedillo* – eine Sache vom Fingerchen wissen, das heißt etwas aus dem «Effeff» aufsagen können. Es bedarf keiner besonderen

Phantasie, um sich Generationen von malträtierten Schülern vorzustellen, die sinnlos pauken mußten, bis sie die Flüsse Nordspaniens oder die lateinischen Verben mit und ohne a.c.i. auswendig vor der Klasse aufsagen konnten.

Wir haben für dieses Buch eine Unmenge von Wendungen und Sprichwörtern gesammelt und nach Herkunftsbegriffen geordnet (Religion, Kleidung, Zeit ...). Dann haben wir die wichtigsten und meistgehörten aussortiert und jeweils zwei kleine Szenen dazu geschrieben, damit diese Ausdrücke auch im Kontext erscheinen und somit zugänglicher sind. Die Szenen fügen sich lose zu Stories zusammen, ein Kapitel hat also immer zwei nebeneinander herlaufende Geschichten, in denen parallel die gleichen Ausdrücke in unterschiedliche Zusammenhänge gestellt werden. Wir empfehlen bei der Lektüre so zu verfahren: Zuerst liest man die ungeraden Szenen (1, 3, 5, ... 19) eines Kapitels – immer mit Blick auf das Vokabular. Dann liest man genauso die geraden Szenen (2, 4, 6, ... 20). Jetzt weiß man, worum es sich in den Geschichten dreht und kann sich bei der zweiten, fortlaufenden Lektüre auf die Kontexte konzentrieren, in denen die entsprechende Redensart präsentiert wird. Zum Abschluß eines Kapitels bieten sich die jeweils vier Übungen an, die dabei helfen, daß die neue Idiomatik eingeübt wird und so hoffentlich schnell in den aktiven Sprachgebrauch eingeht.

Die Geschichten sind fast alle in Dialogform abgefaßt und spiegeln eine idiomatische Gegenwartssprache wider, die sich mitunter weit vom Lehrbuch-Spanisch entfernt. Manche Wendungen sind vielleicht oft zu hören und doch vor allem für die Ohren des Fremdsprachlers ziemlich ordinär: *Este tío no mueve el culo* ⟨!⟩ – Der Kerl bewegt seinen Arsch nicht, das heißt, er tut nichts. Damit niemand ungewollt ins Fettnäpfchen tritt und unpassend auf Vulgarismen zurückgreift, sind diese Ausdrücke mit einem ⟨!⟩ besonders gekennzeichnet. Wer in den Geschichten über unbekannte Wörter und Wendungen stolpert, findet die Übersetzungen der ungewohntesten im Anschluß an die letzte Szene einer Geschichte. Der neue Stoff soll sich setzen und nicht nur schnell überflogen werden. Deshalb haben wir ans Ende eines jeden Kapitels eine Reihe von Übungen angehängt, die sich jeweils auf die zehn zuvor behandelten Ausdrücke beziehen und sie in verschiedenen Formen wiederholen und einschleifen: als Multiple-choice, als kontextuales Puzzle, als Synonym und als Übersetzung aus deutschen Entsprechungen. Die Lösungen aller Aufgaben stehen im Anhang.

Der zweite Teil des Buches umfaßt eine Sammlung von knapp tausend Wendungen, die – wenn schwerer nachzuvollziehen – in anschauliche Sätze verpackt sind. Die Liste ist alphabetisch geordnet, hat aber mit einem Wörterbuch wenig zu tun. Es ist vielmehr eine phraseologische Sammlung aus dem heutigen Spanisch. Sprichwörter stehen neben Konstruktionen, die urspanisch sind und keine wortwörtliche deutsche Übertragung haben. Unveränderliche Sprichwörter, die nicht konjugiert werden, sind mit einem ⟨★⟩ gekennzeichnet. Am Ende des Buches hilft eine deutsche Referenzliste, die spanischen Entsprechungen in den Texten schnell aufzufinden. Der Großteil der niedergelegten Ausdrücke wird in Wort und Schrift gebraucht: beim Plausch, beim Streit, in einer Besprechung, vor dem Mikrofon, in der Werbung oder in Zeitungsartikeln. Auf jene Wendungen, die Linguisten dem «elaborierten Code» von Intellektuellen oder dem Fachchinesisch von Insidersprachen zuordnen, haben wir verzichtet. Die Brauchbarkeit in der Umgangssprache stand immer im Vordergrund, wenn es darum ging, ob wir einen Ausdruck aufnehmen oder weglassen.

Was die Übersetzung betrifft, so haben wir meist auf die Wort-für-Wort-Übertragung verzichtet und dafür entweder Entsprechungen gefunden oder die Aussage des spanischen Ausdruckes auf deutsch erklärt. Bei dieser Arbeit wälzt man natürlich Fachbücher, vergleicht Übersetzungsvorschläge und gleitet – man möge es uns verzeihen – mitunter auch mal in die Sprichwörter-Sprache vergangener Jahrhunderte ab. Einige der alten, immer noch oft gesagten Weisheiten entpuppen sich bei näherem Hinschauen als gar nicht so weise, sind vielmehr Ausdruck von ängstlichem, engem Denken: *Más vale malo conocido que bueno por conocer* – lieber das bekannte Übel als das (noch) unbekannte Gute. Andere der Sprüche sind Zitate aus alten Theaterstücken: *Poderoso Caballero es Don Dinero* – Geld regiert die Welt, und scheinen heute vielleicht noch aktueller als damals, als sie ersonnen wurden.

Unsere Sammlung von Ausdrücken kann natürlich nicht halbwegs erschöpfend sein, dazu ist das Spanische einfach zu reich an Idiomatik. Die Auswahl ist subjektiv und bis zu einem bestimmten Grad auch willkürlich. Es wird nur das Umgangs-Spanisch der iberischen Halbinsel berücksichtigt, was nicht heißt, daß eine große Zahl der Beispiele nicht auch in Lateinamerika gebraucht und der Rest – fast ausnahmslos – auch verstanden würde. Darüber hinaus ist das Südamerikanische aber so reich an eigener Idiomatik und so zersplittert in regionale Varianten, daß wir lieber die Finger davon gelassen haben.

Algo se nos ha quedado en el tintero – es ist uns noch was im Tintenfaß zurückgeblieben, wir wollten noch etwas erwähnen. Dieses Buch soll helfen, den Weg abzukürzen, der dahin führt, daß Ihnen ein spanischer Muttersprachler ehrlich, *sin dar coba* – ohne Honig ums Maul zu schmieren, sagt: *¡Pero qué bien habla usted español!* Aber machen Sie sich keine Illusionen: Viele Ausdrücke werden Sie zuerst mal nur verstehen. Bis zur unbewußten, automatischen Anwendung dauert es dann noch eine Weile: *Del dicho al hecho hay mucho trecho* – von gesagt zu getan ist es ein langer Weg. Unumgänglich ist, daß man mal längere Zeit mit Spaniern zusammenlebt, daß man die Ohren spitzt, wenn Spanier reden, und daß man mit neugierigem Blick genauer hinschaut bei der Lektüre spanischer Zeitungen oder Bücher.

Sollten Sie übrigens für die eine oder andere Übersetzung bessere Lösungen finden, so scheuen Sie sich nicht, an den Verlag zu schreiben; wir scheuen uns dann nicht, in die nächste Auflage die treffendere Lösung aufzunehmen.

Ana Rodríguez und Christof Kehr
Salobreña, Dezember 1992

TEMA 1

CUERPO HUMANO

1 En la inauguración de una exposición

¿Qué te parece ese cuadro?

Bueno, francamente, yo creo que estos pintores modernos no tienen ni idea de lo que hacen.

Así que no te gusta.

Hombre, yo no es que me las dé de entendido, pero este … no sé … me parece una pasada pedir 300.000 pelas por eso que lo puede pintar hasta mi hijo que tiene ocho años.

Para tu gobierno que sepas que el pintor soy yo. Y llevo toda mi puta vida en esto.

Ay, perdona, no te quería ofender.

Pues … en boca cerrada no entran moscas.

2 La familia

Esta mañana me encontré a mi cuñado en el banco. Y no veas el cabreo que traía. Resulta que mi hermana quiere dejar los niños con mi madre para semana santa. Y el tío dice que ni mijita. A mi madre no la quiere ver ni en pintura y dice que a los niños los malcría. Y que les come el coco con tonterías de santos y curas. Yo digo que tampoco es para tanto. Al fin y al cabo es una tradición bonita que no debería perderse. Pero para no tener problemas con él, preferí callarme. Ya sabes … en boca cerrada no entran moscas.

En boca cerrada no entran moscas.
Reden ist Silber, Schweigen ist Gold.
(In den geschlossenen Mund dringt keine Fliege.)

3

Meter la pata

¿Sabes que me pasó el otro día? Me invitaron a la inauguración de una exposición en la galería de la hermana de mi jefe. Y plantado delante de un cuadro horroroso se me acerca uno y me pide mi opinión. Yo como no tengo pelos en la lengua, le solté todas las tonterías que me parecía aquello. No se me quedó nada en el tintero. Y resulta que aquel tío era el autor del cuadro. ¡Vaya forma de meter la pata!

4

Las suegras

¡Te he dicho que no! Y no hay más que hablar.
Claro, para tí es muy fácil. Como soy yo quien se encarga de la comida, de la ropa, de todo … y además, yo no le digo ahora a mi madre que no le dejamos a los niños.
No te preocupes. Ya se lo digo yo, no tengo pelos en la lengua.
Bueno, vale, pero a casa de la tuya no irán tampoco. Cada vez que van, les compran todos los caprichos y todas las chucherías que quieren, a la calle no pueden salir porque no hay donde jugar, y les tienen todo el santo día viendo el vídeo para que estén quietos …

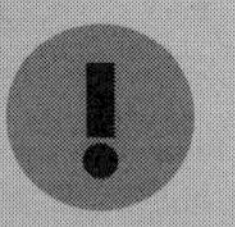

no tener pelos en la lengua
kein Blatt vor den Mund nehmen
(kein Haar auf der Zunge haben)

5 El juicio del jefe

José, haz el favor. ¿Tú conoces a aquel de la chaqueta azul?

Sí, es mi contable.

¡Pues vaya joya que tienes! Me ha puesto verde sin saber que soy yo el pintor.

¿Qué te ha dicho?

Pues el tío no tiene pelos en la lengua. Me dice que cómo tengo cara de pedir tanto dinero por esa porquería. No sabe ni donde tiene la cara. Eso lo cobra cualquiera con un año en Bellas Artes.

No le des importancia. Yo estoy hasta las narices de él. Siempre quiere pasarse de listo y no sabe ni papa de nada.

6 La bruja de tu madre

Y yo estoy hasta los huevos. Prefiero quedarme con los niños que dejárselos a la bruja de tu madre. No me da la gana que les obliguen a ir a misa con ella, a rezar antes de dormir, en fin a tragarse todo el rollo de las beatas de sus amigas. Tuve que aguantar ya la primera comunión con convite, estampitas, fotos y todo eso.
Y además – seguro que tienen todos los días al cura metido en casa para merendar. ¡Y no quiero que les hagan confesarse! Lo que faltaba que mi hijo salga cura. Yo estoy hasta los huevos del rollo de la iglesia.

estar hasta el moño
(hasta los huevos ‹!›, las narices, la coronilla)
den Kanal voll haben
(bis zum Haarknoten,den Eiern, der Nase, dem Scheitel)

!

7 La galerista lo tiene duro

Pachi, ¿cómo va la cosa?

Fatal.

¿Cuántos cuadros has vendido hasta ahora?

Pues … ninguno. La culpa la tiene el gilipollas ese del ABC que hizo una reseña en el periódico poniendo verde al pintor.

¿Qué es lo que escribió?

Decía que tiene un estilo muy antiguado, que carece de sentido colorista y cuatro bobadas más. Desde que salió ese artículo no ha venido nadie. Así es que entre los gastos de la inauguración, la publicidad y el alquiler me va a costar todo un ojo de la cara. Otro pintor como ese y ya puedo cerrar el negocio.

8 Semana Santa en Menorca

Y como te iba diciendo, no había forma de ponernos de acuerdo. Mi marido no quiere dejar a los niños en casa de mi madre y a mí no me da la gana de que pasen mucho tiempo en casa de la suya. Así es que no nos quedó otro remedio que llevárnoslos a Menorca. Tuvimos que reservar otra habitación en el hotel y otros dos billetes de avión. Total que entre las comidas y todo lo demás nos van a costar las vacaciones un ojo de la cara.

costar un ojo de la cara
sehr, sehr teuer sein
(ein Auge des Gesichtes kosten)

9 Un negocio importante entre manos

Don Agustín Vilches Estévez, hermano de la galerista Doña Francisca Vilches Estévez – Pachi para los amigos – tenía un negocio interesante entre manos. Para conseguir el crédito le hacía falta urgentemente la escritura de su casa y de su empresa. Manda al contable al despacho de su abogado a recogerlas, para poder ir al banco esa misma mañana. Pasa una hora, pasan dos horas y a las doce y media, en vista de que el contable no llega, se acuerda que tiene una copia en su casa. Coge el BMW (be eme uve) y se va rápidamente para allá. Entra en su casa y ¡mira a quién coge con las manos en la masa!: al contable que está recién duchado, con su bata puesta y fumándose un cigarro mientras la mujer de Agustín le prepara el café.

10 En la plaza de la catedral

Entonces aproveché que mi cuñado me ha prestado el coche mientras están en Menorca y fui a Sevilla. Dejé aparcado mi coche en la plaza de la catedral. Lo cierro bien y me voy a la máquina esa a sacar el ticket del aparcamiento. Vuelvo a ponerlo encima del volante y me voy a hacer unos asuntos. Al cabo de una hora he terminado ya todo lo que tenía que hacer, me vuelvo al coche y me doy cuenta de que la puerta no estaba cerrada. Sería porque me olvidé de cerrarla cuando fui a poner el ticket. Abro la puerta, me siento, y pillo con las manos en la masa a un chorizo que estaba en plena faena de quitar los cables de la radio.

!

coger con las manos en la masa
auf frischer Tat ertappen
(jemanden erwischen, der die Hände im Teig hat)

11 El pintor frustrado

Pachi, ¿cómo va la cosa?
No puede ir peor.
¿Cuántos cuadros me has vendido?
Ninguno.
¿Cómo ninguno? ¿Después de tres semanas con la exposición y no has vendido nada? ¿Me estás tomando el pelo?
¡Qué más quisiera yo! Al fin y al cabo la que sale perdiendo soy yo.
¿Cómo que tú? Me cobraste la mitad de la inauguración, me gasté un pastón en marcos y ahora me dices esto, con tanta fama que tú decías que tiene tu tinglado. Lo que pasa es que eres una histérica que te llevas mal con todos los críticos y por eso no compra nadie. Lo siento mucho, pero pienso que me estás tomando el pelo.

12 ¡Qué Dios le perdone!

Ya no sé que hacer, Don Fulgencio. Usted como cura, ¿qué me aconseja hacer? Resulta que me llama y me dice: «Mamá, ¿por qué no te quedas con los niños que queremos irnos unos días de descanso a Menorca?» Yo me vuelvo loca comprando comida y arreglando la habitación para mis nietos. Y ahora llama otra vez para decirme que se los van a llevar. Seguro que es culpa de mi yerno. ¡Qué Dios me perdone!, pero es que yo no lo puedo ver ni en pintura. Primero dice que sí y luego que no. Ya es el tercer año que me hace lo mismo. ¡Vaya manera de tomarme el pelo!

tomar el pelo
auf den Arm nehmen, veräppeln

13

La misma tarde en la oficina

¿Usted qué se ha pensado?

¿A qué se refiere, Don Agustín?

A entrar en mi casa y ponerse mi bata. Naturalmente queda usted despedido. Vaya recogiendo sus cosas.

Pero esto no puede ser. ¿Qué tiene que ver eso con mi trabajo? Yo no he incumplido con mi contrato.

Mire, no vamos a tirarnos los trastos a la cabeza. No tengo la más mínima intención de discutir con usted. Vaya recogiendo sus cosas y si quiere, ya nos veremos delante de un juez.

14

Un viaje feliz

Yo no aguanto más. Vamos a cambiar los billetes y nos vamos a casa.

Pero no te pongas así.

Pero si está lloviendo. No podemos salir a ningún sitio. Los niños están metidos en el cuarto del hotel y se aburren como ostras, y tú con esa cara que pones …

La culpa la tienes tú por no querer dejar a los niños con mi madre.

Me importa un pepino que me eches la culpa. La idea de ir a Menorca fue tuya.

Yo quería pasar unas vacaciones tranquilas contigo, pero como a tí te importa un bledo estar a solas conmigo …

Ya sabía yo que terminaríamos tirándonos los trastos a la cabeza.

!

tirarse los trastos (oder: tiestos) a la cabeza
sich in den Haaren liegen
(den Kram an den Kopf schmeißen)

15 De patitas en la calle

Agustín, no puedes hacer eso.

Mira el jefe soy yo, y no me vas a decir a mí lo que tengo que hacer.

Yo siento mucho todo lo que ha pasado pero no es motivo para que lo pongas de patitas en la calle. Este hombre es un buen padre de familia y se va a quedar sin ingresos. Tiene a dos hijos estudiando fuera y ellos no tienen la culpa.

No, si al final la culpa la tendré yo.

Pues un poco sí porque sólo piensas en tus negocios y a mí no me haces caso. Nunca sales conmigo. Vuelves tarde a casa y lo único que haces es sentarte delante del ordenador.

Mira no me comas el coco, que en cuanto a mi empresa soy yo el que corta el bacalao, y en cuanto a tí ya hablaremos otro día.

16 Tan mal no estamos

¿Dónde están los billetes de avión?

¿Por qué?

¿Por qué va a ser? Porque voy a ir a la agencia, a ver si me los cambian.

Yo no quiero irme. Tan mal no estamos …

¿Qué no? ¿Y qué hacemos aquí? El tío del tiempo dice que va a seguir lloviendo. Yo – para estar metido todo el día en el hotel – prefiero estar en mi casa. Seguro que allí hace sol y podríamos …

Ya, bueno, bueno … no me comas el coco. Haz lo que te dé la gana y ya está.

comerle el coco a alguien
jemanden nerven mit seinem Anliegen
(jemandem den Kopf essen)

CUERPO HUMANO

Un colaborador intachable

Don Agustín, ¿puedo hablar un momento con usted?

Usted dirá.

Bueno, se trata del contable que al parecer …

¡De este asunto no hay más que hablar!

Pero … verá … yo lo vi ayer y el hombre está hecho polvo. A mí no me quiso contar nada, no sé que habrá pasado, pero me parece que no es justo que después de tantos años …

Le repito que ya está todo dicho. Están acabando con mi paciencia.

Mire … lo que yo le iba a decir es que hay que tener en cuenta que el contable siempre ha sido un colaborador intachable y si entra uno nuevo … la empresa se verá perjudicada. Dicen que más vale malo conocido que bueno por conocer. Sea como sea, ¿usted podría hacer la vista gorda?

En el aeropuerto de Mahón (Menorca)

¿Quiere poner sus maletas en la báscula?

Ahora mismo … aquí tiene los billetes.

Hmm, resulta que tiene 15 kilos de sobrepeso, señor.

Sí, pero no es tanto. Son cuatro billetes, así que no son más de tres kilitos por cada uno.

Lo siento, pero yo me atengo a las reglas de mi compañía.

Seguro que el avión no va a tope …

No puedo hacer la vista gorda con todo el mundo. ¿Por qué no lleva esa bolsa en la mano y paga sólo … a ver … nueve kilos de sobrepeso?

hacer la vista gorda
ein Auge zudrücken

19 **¡Tierra, trágame!**

Y aquella mañana me dije: ahora o nunca. Le eché cara al asunto y me di cuenta que a ella también le iba el rollo. Fue coser y cantar. Lo malo es cuando se abre la puerta de la cocina, entra el marido que encima es mi jefe y me pilla con su bata puesta. Estaba fuera de sí …

Ja … jaja …

En ese momento dije: ¡tierra, trágame! pero luego recordaba la escena y la verdad es que era para mearse de risa.

Ja … jaja …

Y yo esta mañana como un imbécil pidiendo por tí, sin saber que le habías puesto los cuernos … ja … jaja …

20 **Ya me he comido tres o cuatro**

¿Quiere otro pastelito, Don Fulgencio?

No, hombre, déjelo, que ya me he comido tres o cuatro.

Venga, otro más … como le iba diciendo, al final se llevaron a los niños, y claro, pasó lo que tenía que pasar. A los dos días estaban todos tan cabreados que mi yerno se puso farruco y decidió dar por terminadas las vacaciones y volver a casa. ¡Si hubiera visto usted la cara que traía! Era para mearse de risa. Ya se lo advertí a mi hija que no se casara con ese hueso. Pero como no me hace caso …

!

mearse de risa
sich bepinkeln vor Lachen

TEMA 1 VOCABULARIO

1 En la inauguración de una exposición

inauguración
Vernissage
cuadro
Bild
no es que me las dé de entendido
nicht, daß ich mich als großer Kenner ausgebe
pasada
Unverschämtheit
pela
Pesete
para tu gobierno que sepas
ich will dir mal eins sagen
toda mi puta vida ⟨!⟩
mein ganzes, verdammtes Leben

2 La familia

y no veas el cabreo que traía
der war vielleicht sauer
decir ni mijita
sich stur stellen, nein sagen
no la quiere ver ni en pintura
er kann sie nicht ausstehen
malcriar
verwöhnen, verziehen
comer el coco
jemanden mit seinem Anliegen nerven
tampoco es para tanto
so schlimm ist es auch wiederum nicht
al fin y al cabo
schließlich, endlich

3 Meter la pata

meter la pata
ins Fettnäpfchen treten
plantado delante
stehend vor
horroroso
grauenhaft, schrecklich
soltar
herauslassen, loslassen
no se me quedó nada en el tintero
nichts ließ ich unerwähnt
vaya forma de
(ironisch:) was für eine schöne Art zu …

4 Las suegras

encargarse de
eine Aufgabe übernehmen
capricho
Laune
chucherías
Naschwerk
todo el santo día
den lieben langen Tag lang
quieto
ruhig

5 El juicio del jefe

haz el favor
sei so nett (komm mal kurz her)
contable
Buchhalter
vaya joya que tienes
da hast du aber eine Perle
poner verde
herunterputzen
tener cara
frech sein
porquería
Schweinerei
no sabe ni donde tiene la cara
der hat von Tuten und Blasen keine Ahnung
pasarse de listo
auf schlau machen
no saber ni papa de nada
von nichts einen blassen Schimmer haben

6 La bruja de tu madre

bruja
Hexe
rezar
beten
tragarse
schlucken
rollo ⟨ ⟩
Kram
beato
fromm
aguantar
aushalten
convite
Einladung
estampitas
Kärtchen, Heiligenbildchen
cura
Pfarrer
merendar
vespern
confesarse
beichten
lo que faltaba
das hat mir noch gefehlt
salir cura
Pfarrer werden

7 La galerista lo tiene duro

fatal
schlimmstens
gilipollas ⟨!⟩
Arschloch
ABC
konservative Zeitung
reseña
Kritik
carecer
nicht haben
bobadas
Dummheiten
publicidad
Werbung

8 Semana Santa en Menorca

no había forma de
es war nicht möglich zu
ponerse de acuerdo
sich einigen

9 Un negocio importante entre manos

entre manos
in Arbeit, am Laufen (Geschäft), an der Hand (haben)
urgentemente
eiligst
escritura
Grundbuchauszug
recoger
holen
en vista de
als klar ist, daß
recién duchado
frisch geduscht
con la bata puesta
im Morgenrock

10 En la plaza de la catedral

volante
Steuer
pillar
erwischen
chorizo
kleiner Gauner
en plena faena
mitten in der Arbeit

11 El pintor frustrado

qué más quisiera yo
was sollte ich mehr wollen

gastar un pastón
ein Heidengeld ausgeben
marco
(Bilder)rahmen
fama
Ruf, Berühmtheit
tinglado ‹ ›
Schuppen

12 ¡Qué Dios le perdone!

Don Fulgencio
typischer Name für Pfarrer
vaya manera de ...
(ironisch:) das ist eine schöne Art zu ...

13 La misma tarde en la oficina

queda despedido
Sie sind entlassen
incumplir con un contrato
gegen einen Vertrag verstoßen, nicht einhalten
la más mínima intención
nicht die geringste Absicht
vaya recogiendo sus cosas
packen Sie Ihre Sachen
juez
Richter

14 Un viaje feliz

aburrirse como una ostra
sich zu Tode langweilen
con esa cara que pones
bei dem Gesicht, das du aufsetzt
importar un pepino
piepegal sein
echar la culpa
Schuld geben
importar un bledo
schnurzpiep egal sein
estar a solas
alleine sein

15 De patitas en la calle

poner de patitas en la calle
rausschmeißen
ingresos
Einkünfte
al final
schließlich, endlich
hacer caso
hören auf
ordenador
Computer
empresa
Unternehmen
cortar el bacalao
sagen, wo's langgeht (den Stockfisch schneiden und verteilen)
en cuanto a tí
was dich betrifft

16 Tan mal no estamos

¿por qué va a ser?
wozu wohl?
la agencia
das (Reise)büro
tan mal no estamos
so schlecht geht es uns (hier) auch nun wieder nicht
el tío del tiempo ‹ ›
der vom Wetterdienst (im Fernsehen)
para estar metido en el hotel
um im Hotel zu hocken
haz lo que te dé la gana
tu, was dir Spaß macht
y ya está
und Schluß!

17 Un colaborador intachable

usted dirá
was gibt's?
no hay más que hablar
darüber wird nicht mehr gesprochen

hecho polvo
kaputt, fertig
están acabando con mi paciencia
meine Geduld ist zu Ende
tener en cuenta
berücksichtigen
intachable
tadellos
entrar
anfangen, in der Firma zu arbeiten
verse perjudicado
Schaden nehmen
más vale malo conocido que bueno por conocer
lieber das bekannte Übel als das unbekannte Gute
sea como sea
wie auch immer

18 En el aeropuerto de Mahón (Menorca)

báscula
Waage
sobrepeso
Übergepäck
me atengo a las reglas
ich halte mich an die Vorschriften
a tope
vollbesetzt

19 ¡Tierra, trágame!

echar cara al asunto
die Sache anpacken, angehen
darse cuenta
bemerken
le iba el rollo ‹ ›
sie war auch nicht schlecht drauf
fue coser y cantar
es war kinderleicht (nähen und singen)
fuera de sí
außer sich
¡tierra, trágame!
Erde, verschluck mich (das heißt, ich will vor Scham in den Erdboden versinken)
imbécil
Dummkopf
pidiendo
bittend eintreten für
poner los cuernos
Hörner aufsetzen, betrügen

20 Ya me he comido tres o cuatro

como le iba diciendo
wo war ich stehengeblieben
cabreado
stinkig, sauer
ponerse farruco
sich herrisch aufspielen
dar por terminado
für beendet erklären
si hubiera visto usted la cara que traía
wenn Sie sein Gesicht gesehen hätten
advertir
warnen
hueso ‹ ›
Widerling

TEMA 1

EJERCICIOS

1. Sólo uno es correcto

1. Esa película es tan divertida, te aseguro que
a estoy hasta los huevos.
b te vas a mear de risa.
c no entran moscas.

2. Comisario, este coche es mío, pero no llevo los papeles, por favor
a no me tome el pelo.
b no se mea de risa.
c haga la vista gorda.

3. De verdad, no sé nada de ese asunto, así que
a no me coma más el coco.
b no vale un ojo de la cara.
c la tiene hasta el moño.

4. Cuando Jaime y Juan se dieron cuenta que la empresa había quebrado,
a no les tomo el pelo.
b empezaron a tirarse los trastos a la cabeza.
c entraron las moscas en boca cerrada.

5. Ya he pagado y usted dice que no,
a me está tomando el pelo.
b le estoy cogiendo con las manos en la masa.
c me cuesta un ojo de la cara.

6. Este coche es carísimo,
a me tiene hasta la coronilla.
b vale un ojo de la cara.
c me como el coco.

Solución: 1. ☐ **2.** ☐ **3.** ☐ **4.** ☐ **5.** ☐ **6.** ☐

2. Dígalo con una expresión

1. Lo pillé en el momento justo.

....

....

2. Me reía muchísimo.

....

....

3. Estoy harto.

....

....

4. Conviene callarse para no tener problemas luego.

....

....

5. Haga, como si no lo hubiera visto.

....

....

6. El dice todo lo que le parece.

....

....

7. No seas tan pesado.

....

....

8. Te burlas de mí.

....

....

9. Nos peleamos.

....

....

10. Tiene un precio altísimo.

....

....

3. ¿Cómo sigue la frase?

1. Yo prefiero callarme. Porque
2. Cuando lo vi así con esa cara de tonto,
3. Pepa siempre dice lo que piensa,
4. Ya me has hablado bastante de este asunto,
5. No me creo lo que estás diciendo,
6. Los dos se llevan muy mal,
7. Abro la puerta del dormitorio,
8. Esto no lo puedo pagar,
9. Por favor señor, olvídese de este asunto y
10. Ya te lo he dicho tres veces, no quiero más,

a no me comas más el coco, ¿vale?
b no pasa un día que no se tiren los trastos a la cabeza.
c me estarás tomando el pelo, ¿verdad que sí?
d porque de verdad vale un ojo de la cara.
e haga la vista gorda.
f no tiene pelos en la lengua.
g en boca cerrada no entran moscas.
h me meé de risa.
i estoy hasta la coronilla.
j y mira a quien cojo con las manos en la masa.

Solución: 1. ▢ 2. ▢ 3. ▢ 4. ▢ 5. ▢ 6. ▢ 7. ▢ 8. ▢ 9. ▢ 10. ▢

4. Traduzca

1. Ich sage nichts mehr, Reden ist Silber, Schweigen ist Gold.

....

....

2. Ich kann es mir nicht kaufen, es kostet ein Heidengeld.

....

....

3. Er ist jetzt im Gefängnis, die Polizei hat ihn auf frischer Tat ertappt.

....

....

4. Laß mich, und nerv mich nicht mehr mit deinen Geschichten, okay?

....

....

5. Tun Sie, als ob Sie nichts gesehen hätten, und drücken Sie ein Auge zu.

....

....

6. Komm mit ins Theater, du wirst dich schieflachen.

....

7. Es ist besser, daß sie sich trennen, es vergeht kein Tag, an dem sie sich nicht in den Haaren liegen.

....

....

8. Veräppelst du mich?

....

9. Fernanda sagt, was sie für richtig hält, sie nimmt kein Blatt vor den Mund.

....

....

10. Sei schon ruhig, ich hab die Schnauze voll.

....

TEMA 2

TIEMPO

21 Un anuncio interesante

Mari Carmen, mira.

Ya voy.

Mira este anuncio: «Señor viudo, jubilado de 64 años que no representa, 1,75 de altura, 65 kilos, sin problemas de ninguna clase, atractivo, educado, con propiedades considerables, sin vicios, desea encontrar una compañera de sus mismas características. Espero tu carta y conocernos muy pronto.»

No me digas que te vas a meter en un lío como ese. Tú estas loca de remate.

¡Hombre!, yo así sola no puedo seguir.

Pero todo eso son engaños.

A mí me parece muy sincero lo que dice. Y además más vale tarde que nunca.

22 El primer coche

¿Adónde vas?

Pues, a recoger un coche que me he comprado.

¡No me digas!

Sí hombre, ya era hora.

¿Tú tienes carnet?

Claro, me lo saqué hace cuatro años.

¿Y has estado sin coche tanto tiempo?

Bueno, más vale tarde que nunca.

Más vale tarde que nunca.
Besser spät als nie.

!

23

Todo el mundo me llama Conchi

… Y entonces a los cinco días llama un hombre que quería hablar con Doña Concepción y yo no caí. Como todo el mundo me llama Conchi. Ya ni me acordaba. Entonces me dice que le había gustado mucho mi carta, que tenía mucho interés en conocerme, pero que no podíamos vernos por lo menos hasta el martes de la semana siguiente.

!Ay por Dios ! En trece y martes ni te cases ni te embarques.

24

¿A qué estamos hoy?

¿Me deja ver su carnet?

¿El de identidad o el de conducir?

Da igual, es para ver el número … tiene que firmar aquí … aquí … y aquí …

¿A ver, a qué estamos hoy?

Hoy es martes trece de enero.

Uyyy, en trece y martes ni te cases ni te embarques …

En trece y martes ni te cases ni te embarques.

Der Dreizehnte und dazu noch ein Dienstag,
das kann nur Unglück bringen.
(Heirate nicht, und schiffe dich nicht ein.)

25

Al teléfono

!Ay, voy de cabeza! ¿Por qué no me llamas mañana? Ahora tengo muchas cosas que hacer. Tengo que ducharme rápidamente porque tengo hora en la peluquería. Cuando venga tengo que planchar la blusa blanca, tengo que arreglarme, tengo que ir al banco. No sé si me va a dar tiempo de todo. Y luego tengo que encontrar un taxi. Por favor llámame mañana que como ves, voy con la hora pegada al culo.

26

En un atasco

Vaya mala pata. La primera vez que cojo el coche y me pilla un atasco. Con todo lo que tengo que hacer. Seguro que Teresa ya lleva más de media hora esperándome. Tengo que ir sin falta a Correos, al banco, al Hipercor y ya son cerca de las dos. Voy con la hora pegada al culo. En metro ya lo habría hecho todo.

con la hora pegada al culo ‹ ›
in großer Eile
(die Uhrzeit am Hintern kleben haben)

!

27 No estoy en un buen momento

No me digas, tantas casas tiene!
No tiene importancia. Eso es lo de menos. Todavía no me ha hablado de usted. ¿Qué clase de vida lleva?
A decir la verdad no soy muy feliz. No estoy en un buen momento, que digamos. Las estoy pasando canutas.
¿De verdad?
Sí. Acabo de conseguir el divorcio y no ha sido nada fácil.
¿Qué pasó?
Hace cuatro años se fue con otra.
Lo siento.
Y lo peor ha sido el papeleo y el dineral que me ha costado. Y encima me he tenido que cambiar de casa.
Anímese señora. No hay mal que cien años dure.

28 ¡Hoy no es mi día!

Mucha cara, llevo hora y media esperándote.
Perdona, Teresa pero es que hoy me he levantado con el pie izquierdo.
¿Qué te ha pasado?
De todo. Primero cojo un atasco – más de media hora parado en el puente de San Bernardo. Luego llego tarde al banco. De modo que no tengo ni una gorda. Y al final por adelantar camino, me meto por una calle estrecha y le doy un roce a un coche que estaba mal aparcado. El dueño me echa la culpa y hemos tenido que esperar que venga la policía. ¡Hoy no es mi día!
Anímate hombre, no hay mal que cien años dure.

No hay mal que cien años dure.
Die Zeit heilt alles Leid.
(Kein Übel dauert hundert Jahre.)

Me salió el tiro por la culata

Yo, es la primera vez que escribo a un anuncio de estos. ¿Y usted?

Bueno, hace años me atreví y me salió el tiro por la culata.

¿Qué pasó?

Esa señorita me citó en una sala de fiestas un sábado por la noche, en un sitio muy oscuro y con no muy buena pinta. Me dí cuenta de que estaba buscando a alguien con dinero que la sacara de ese sitio.

¡Ah, ya! Se pensaría que de noche todos los gatos son pardos.

Esto no es culpa nuestra

Renault, ¡dígame!

Me pone con el señor García, por favor.

Soy yo. ¿Con quién hablo?

Soy Fernando Gómez, el que le compró el erre cinco rojo la otra noche.

Ah sí, ¡dígame!

Bueno, la verdad es que no estoy muy contento con el coche. En una semana se me pinchó una rueda, le he tenido que arreglar el freno, la dirección no va bien, el limpiaparabrisas no funciona y para colmo se le agotó la batería …

… pero esto no es culpa nuestra. Usted lo probó …

Sí, pero de noche todos los gatos son pardos.

De noche todos los gatos son pardos.
Nachts sind alle Katzen grau.

31

Quería embolsarse el dinero

¿Cómo se dió cuenta de que se quería aprovechar de usted?

A los dos días de conocerla, me jugó una mala pasada. Me pidió doscientas mil pesetas para pagar a un médico que tenía que ver a su hermano que tenía no sé que enfermedad muy grave. El caso es que casi me lo creo.

¿Y le dejó el dinero?

No. Le pregunté el nombre del médico y descubrí que era mentira, que no hay ningún médico con ese nombre. Sencillamente quería embolsarse el dinero.

Esa quería hacer su agosto con usted.

32

Pagar el pato

Mire, traiga el coche al taller y le arreglaremos el limpiaparabrisas.

Eso es lo de menos. Lo otro me ha costado ya diez mil de la batería, quince del faro y tres de la rueda.

Pero eso no es culpa nuestra.

Claro que sí, si vendieran coches en condiciones ..., pero sólo estan al tanto de la comisión que se llevan. Ustedes hacen su agosto y yo soy quien paga el pato.

hacer alguien su agosto

sein Schäfchen ins Trockene bringen

(seinen August, das heißt seine Ernte machen)

33 Hemos quedado para mañana

¿Cómo te ha ido?

Muy bien. Es un hombre muy guapo, muy educado y muy detalloso.

¿Dónde estuvísteis?

Me llevó a una cafetería muy lujosa. !Había unos pasteles más buenos!

¿Pero él, cómo es?

Ya te lo he dicho. Hemos quedado para mañana por la noche para cenar en su casa.

¡No me digas!

¡Ay!, estoy tan nerviosa, estoy como un flan. Seguro que me paso la noche en blanco.

34 Por aquí no pasa ni Dios

¡Teresa, qué ruido más raro! ¿Qué coño le pasará a esto ahora?

¡Párate!

Voy a echarle un vistazo al motor … a ver si arranca ahora.

[poh, poh, poooh …]

¡Me cago en la mar! Ya nos va a jugar otra mala pasada.

¡Cálmate, intenta otra vez!

[poh, poh, poooh …]

Nada, que no, es todo en balde.

¿Y qué vamos a hacer a estas horas en medio de la carretera? Y faltan veinte kilómetros.

Por aquí no pasa ni Dios. Me temo que nos toca pasar la noche en blanco.

pasar la noche en blanco
die Nacht durchmachen, eine schlaflose Nacht haben

35

¡Qué desilusión!

Uyy, ¡qué cara de cabreo tienes! Cuéntame que pasó ayer. Que estoy sobre ascuas.

Pues me había tirado toda la noche sin pegar ojo por tanta emoción y a las cinco estaba yo en la puerta de su casa.

¿Es bonita?

¿Bonita? ¡Qué desilusión! Es un piso muy chico, feo, sin luz, en un bloque horroroso. Y para colmo estaba más sucio que un gallinero.

Pero no te dijo que tenía tanto dinero.

Eso me dijo.

Pero las casas, que pasa, ¿no las tiene?

¡Qué va! Las tienen sus hijos que todos están casados.

¿Y el dinero?

Pues mira lo que pasó. En un momento estaba él en la cocina, echo un vistazo por el cuarto y por casualidad veo un papel del banco diciendo que esta en números rojos. ¡Qué mala suerte tengo!

No te preocupes, hija, como dice el refrán: a mal tiempo, buena cara.

36

Me ha tocado el gordo con este coche

¿Ha mirado ya eso?

Sí, era una avería bastante gorda. Le hemos tenido que cambiar la caja de cambios.

Jolines, ¿no había manera de arreglarla?

¡Qué va! Estaba ya muy gastada. Mire, aquí tengo la pieza para que la vea.

Bueno, ¿me prepara la factura?

Ya está hecha, tome …

A ver. ¡Cuántooo! ¡Cincuenta y ocho mil!

Y es barato. En cualquier otro sitio le cobrarían mucho más.

Anda que me ha tocado el gordo con este coche. ¡Qué le voy a hacer! A mal tiempo buena cara.

a mal tiempo buena cara
gute Miene zum bösen Spiel machen

37 A este le voy a escribir

Voy a probar a ver si tengo más suerte esta vez. A ver el periódico: «*Soy soltera de 47 años*» … esta es una mujer … «*Separado legal de 44 años se relaciona*» … este es muy joven para mí … «*Quiero mantener contactos con alguna señora en edad similar a la mía. Tengo 38 años*» … este podría ser mi hijo … a ver ese: «*Soltero de 55 años, me gano bien la vida, solicito amistad con señoritas o viudas españolas y de todo el mundo. Posible matrimonio. Poseo casa, coche y otros bienes. No tengo vicios ni amigotes de la calle. No tengo ataduras familiares. ¡Hasta pronto, chicas!*» A este le voy a escribir. No me va a pasar siempre como con el último. A ver si es verdad eso de día de mucho, víspera de nada.

38 A pedir de boca

Por fin un día tranquilo y sin complicaciones.
El bañito en la playa me ha sentado … pero que muy bien. La comida estaba deliciosa …
Desde luego. ¿Y qué me dices de la gente tan simpática en la discoteca anoche?
Verdad que sí. Ya nos lo merecíamos después de la putada del coche.
Hombre, día de mucho, víspera de nada.

Día de mucho, víspera de nada.
Auf Plage folgen heitere Tage.
(Ein Tag des Überflusses ist der Vortag der Armut.)

39

Yo que tú no contestaba más

¿Cómo te ha ido esta vez?
De mal en peor, pero vamos a dejarlo.
Si me hicieras caso y te dejaras de estas historias …
Mira, decía en el anuncio: «Me gano bien la vida, poseo coche, casa y otros bienes, no tengo ataduras familiares …» Y resulta que el tío está parado, no cobra paro, no tiene donde caerse muerto y en cuanto a la familia, la tiene metida en su casa desde el sobrino hasta la cuñada. Y no pudimos hablar solos ni cinco minutos.
Mujer, yo que tú no contestaba más a estos anuncios. Eso es el cuento de nunca acabar.

40

Me temo que hemos pinchado

A mí no me importaría repetir un fin de semana como éste. Me lo he pasado bomba.
¿Cuánto falta para llegar?
Tres cuartos de hora.
¡Cuidado! ¿Qué es eso?
¿Otra vez? Me temo que hemos pinchado …
Jo, esto es el cuento de nunca acabar.

!

Esto es el cuento de nunca acabar.
Das ist immer die gleiche Leier.
(Geschichte ohne Ende)

CIEN AÑOS DE SOLEDAD

21 Un anuncio interesante

anuncio
Anzeige
viudo
Witwer
jubilado
pensioniert
propiedades considerables
beträchtlicher Besitz
meterse en un lío
sich auf eine Liebschaft einlassen
loca de remate
total durchgedreht
engaño
Betrug

22 El primer coche

recoger
abholen
sacar el carnet
den Führerschein machen

23 Todo el mundo me llama Conchi

caer
begreifen

24 ¿A qué estamos hoy?

¿A qué estamos hoy?
der Wievielte ist heute?

25 Al teléfono

planchar
bügeln
me da tiempo de ...
ich finde die Zeit zu ...

26 En un atasco

vaya mala pata
schönes Unheil, so ein Schlamassel
sin falta
unbedingt
Hipercor
großes Kaufhaus

27 No estoy en un buen momento

es lo de menos
das ist das geringste
pasarlas canutas
eine schlechte Zeit haben
papeleo
Papierkram
dineral
Haufen Geld
encima
obendrauf
animarse
Mut schöpfen

28 ¡Hoy no es mi día!

mucha cara ⟨ ⟩
unverschämt
coger un atasco
in einen Stau geraten
parado
stillstehend
no tengo ni una gorda
ich habe keine müde Mark
adelantar camino
abkürzen
dar un roce
streifen

29 Me salió el tiro por la culata

atreverse
sich trauen
salió el tiro por la culata
der Schuß ging nach hinten los
me citó
sie bestellte mich

con no muy buena pinta
nicht sehr vertrauenserweckend
sacar de ese sitio
aus dem Schuppen holen

30 Esto no es culpa nuestra

me pone con
verbinden Sie mich bitte mit
se pinchó una rueda
ein Reifen hat einen Platten gekriegt
dirección
Lenkung
limpiaparabrisas
Scheibenwischer
para colmo
zu allem Überdruß
agotar
aufbrauchen, erschöpfen

31 Quería embolsarse el dinero

jugar una mala pasada
bös mitspielen
embolsarse el dinero
das Geld einsäckeln

32 Pagar el pato

taller
Werkstatt
faro
Lampe
en condiciones
ordentlich
estar al tanto
im Kopf haben
comisión
Provision
pagar el pato
die Suppe auslöffeln

33 Hemos quedado para mañana

detalloso
aufmerksam und zuvorkommend
quedar para
sich verabreden für
estar como un flan
ganz aufgedreht sein

34 Por aquí no pasa ni Dios

qué coño le pasará a esto ⟨!⟩
was zum Teufel (Votze) ist damit los
párate
halt an
echarle un vistazo
einen Blick werfen
arrancar
anspringen
me cago en la mar ⟨!⟩
verdammte Scheiße (ich kacke ins Meer)
en balde
vergeblich
no pasa ni Dios
hier kommt keine Menschenseele vorbei

35 ¡Qué desilusión!

sobre ascuas
auf heißen Kohlen
cabreo ⟨ ⟩
Stinkwut
no pegar ojo
kein Auge zudrücken
bloque
Wohnsilo
horroroso
grauenhaft
gallinero
Hühnerstall

por casualidad
zufällig
refrán
Sprichwort

36 Me ha tocado el gordo con este coche

avería gorda
größerer Schaden am PKW
caja de cambios
Gangschaltung
gastado
abgenutzt, verschlissen
me ha tocado el gordo
ich hab das große Los gezogen
qué le voy a hacer
was soll man da tun?

37 A este le voy a escribir

soltera
Alleinstehende
solicito amistad
wünsche Freundschaft
vicios
Laster
amigotes de la calle
undurchsichtige Freunde
ataduras
Bindungen

38 A pedir de boca

A pedir de boca
nach Herzenslust
sentar
bekommen
putada ‹ ›
Unglück, Schlag, Sauerei

39 Yo que tú no contestaba más

yo que tú
ich an deiner Stelle
de mal en peor
immer schlechter, vom Regen in die Traufe
hacer caso
auf jemanden hören
parado
arbeitslos
cobrar paro
Arbeitslosengeld beziehen
no tiene donde caerse muerto
ist bettelarm

40 Me temo que hemos pinchado

me temo que hemos pinchado
ich fürchte, wir haben einen Platten

TEMA 2 EJERCICIOS

1. Sólo uno es correcto

1. Todavía hay tiempo,
- **a** vamos con la hora pegada al culo.
- **b** más vale tarde que nunca.
- **c** no hay mal que cien años dure.

2. Ya es la quinta vez que me pasa esto,
- **a** día de mucho, víspera de nada.
- **b** más vale tarde que nunca.
- **c** esto es el cuento de nunca acabar.

3. Llevo mucha prisa,
- **a** voy con la hora pegada al culo.
- **b** no hay mal que cien años dure.
- **c** hago mi agosto.

4. Entonces nos encontramos sin pensión, así que
- **a** de noche todos los gatos son pardos.
- **b** en trece y martes ni te cases ni te embarques.
- **c** pasamos la noche en blanco.

5. No te preocupes, este tío no sale perdiendo, siempre
- **a** hace su agosto.
- **b** pasa la noche en blanco.
- **c** va con la hora pegada al culo.

6. Mira, tan grave no es tampoco y además …
- **a** esto es el cuento de nunca acabar.
- **b** pasamos la noche en blanco.
- **c** no hay mal que cien años dure.

Solución: 1. ☐ 2. ☐ 3. ☐ 4. ☐ 5. ☐ 6. ☐

2. Dígalo con otra expresión

1. Lleva mucha prisa.

2. Esto no va a cambiar nunca.

3. Ayer nos hartamos de comida y hoy el frigorífico está vacío.

4. El nunca sale perdiendo en los negocios.

5. No vamos a encontrar un hotel para dormir esta noche.

6. Yo sé que no es tan agradable, pero hombre, ríete de una vez.

7. Hay que mirar bien, si no te engaña.

8. Es un golpe duro, pero ya pasará.

9. Atrévete que tan viejo no eres.

10. Mira bien la fecha cuando saques el billete.

3. ¿Cómo sigue la frase?

1. Este señor tiene mucha vista en los negocios,
2. Se lleva conmigo como un cerdo, pero qué remedio tengo,
3. ¡Te has dado cuenta a qué día estamos! No lo hagas,
4. No importa que ya tengas 55 años. Aprende a conducir, que
5. Perdona que no te atienda, pero
6. Te lo tengo dicho mil veces, pero siempre caes en la trampa,
7. No te lo tomes tan mal,
8. Compré este coche y me parecía que estaba perfectamente. Y ahora no funciona. Ya ves,
9. ¡Qué aburrimiento hoy! Ayer no paramos ni un minuto,
10. Mi hijo se puso enfermo, por eso

a a mal tiempo buena cara.
b no hay mal que cien años dure.
c pasé la noche en blanco.
d esto es el cuento de nunca acabar.
e más vale tarde que nunca.
f en trece y martes ni te cases ni te embarques.
g siempre hace su agosto.
h día de mucho, víspera de nada.
i de noche todos los gatos son pardos.
j voy con la hora pegada al culo.

Solución: 1. ☐ 2. ☐ 3. ☐ 4. ☐ 5. ☐ 6. ☐ 7. ☐ 8. ☐ 9. ☐ 10. ☐

4. Traduzca

1. Der Wievielte ist heute? Uff, Dienstag und der Dreizehnte, da läßt du lieber die Finger davon.

....

....

2. Sorg dich nicht, lieber spät als nie.

....

....

3. Er hat sich schon wieder besoffen, das ist doch immer die gleiche Leier.

....

....

4. Alle Hotels waren besetzt, ich habe also die Nacht ohne Dach über dem Kopf verbracht.

....

....

5. Weine nicht, es wird schon wieder besser werden.

....

....

6. Mensch, das ist dein Chef. Was bleibt dir also anderes übrig, als gute Miene zum bösen Spiel zu machen?

....

....

7. Ich kann jetzt gerade nicht, ich habe es furchtbar eilig.

....

....

8. Nun, die haben mich betrogen. Nachts sind alle Katzen grau.

....

....

9. Zuerst niemand und jetzt die ganzen Leute, auf Plage folgen heitere Tage.

....

....

10. Er ist ein guter Geschäftsmann, er bringt immer sein Schäfchen ins Trockene.

....

....

TEMA 3

FAUNA Y FLORA

41 **El examen final**

¿Miguel, te vas a presentar al examen final?

¡Qué remedio tengo! ... además con un poquito de suerte nos pone el mismo examen que a 3º B.

No creas. Este tío está como una cabra, pero de tonto no tiene un pelo.

42 **En un ensayo de teatro**

Vamos a repetir la segunda escena de cabo a rabo.

¿Otra vez?

Venga, que faltan dos días para el estreno y esto todavía no cuaja. Y olvidaos del fin de semana porque tenemos trabajo.

Qué dices? Estás como una cabra. Nos habías prometido que tendríamos el sábado libre y ahora nos sales con esto.

estar como una cabra
verrückt sein

43 ¡Qué injusticia!

¡Qué rollo! Los verbos irregulares, las preposiciones, el vocabulario, todo eso me lo tengo que estudiar. No me va a dar tiempo esta noche … Me estoy perdiendo el capítulo de la telenovela … Seguro que Manolito y los demás estarán echándose un billar. Bueno, a ver si me concentro … Voy a prepararme un café. ¡Qué injusticia! Los compañeros de juerga, y yo aquí aburrido como una ostra.

44 Ponle más sentimiento

¡Para, para, para! Así no puede ser, Gabriel. Te acaba de traicionar y a tí no se te ocurre otra cosa que mirarte las manos. Ponle más sentimiento, más fuerza, ¡que te hierva la sangre!!! Mira, te concentras o apaga y vámonos. Como sigas así se va a aburrir el público como una ostra. Y de los críticos, para qué hablar …

aburrirse como una ostra
sich zu Tode langweilen
(wie eine Auster)

45 Voy a ir a la cocina

¿Qué hora será? Jolines, las cuatro y diez. Con razón tengo tanta hambre. Ya llevo seis horas sin parar. Y lo que me queda. Me tengo que comer algo. Voy a ir a la cocina … a ver si mato el gusanillo.

46 No hay tiempo para comer

Chicos, esto va de mal en peor. Yo no sé lo que pensaréis vosotros, pero yo estoy muy desanimado. O pone cada uno algo de su parte o hago la maleta, me voy y os buscáis otro director.
Es que estamos muy cansados. ¿Por qué no lo dejamos para después de comer?
¿Comer? Con el trabajo que nos queda … y tú piensas en comer. No hay tiempo para eso. Luisa, como ahora mismo no me haces falta, acércate al bar y trae algo para matar el gusanillo.

matar el gusanillo
den ersten Hunger stillen
(das Würmchen töten)

47

Bueno, ¡basta ya!

Ya son las seis. Y a las ocho y media el examen. Se me ha pasado la noche volando. Estoy molido, pero si me echo un rato, no voy a oír el despertador. Bueno, ¡basta ya! No me da la gana de estudiar más. Me importa un pepino que me suspendan.

48

No aguanto más

Yo ya no puedo más. Esto es el colmo. Llevamos desde las diez de la mañana y ya son las ocho.

Bueno, un rato más y nos vamos todos.

No, eso es una pérdida de tiempo. Estamos tan agotados que ya no sirve de nada. No hemos desayunado, no hemos almorzado, casi no nos dejas tiempo para ir al lavabo. ¡Yo me niego, no aguanto más!

… pero falta poco …

Me importa un pepino si la crítica nos destroza, ahora mismo me voy a comer un par de filetes con patatas.

!

importar un pepino
schnurzpiepegal sein
(eine Gurke wichtig sein)

49 En el examen

¡Vaya traducción! No tengo ni idea. ¿De dónde lo habrá sacado? Pero esto es dificilísimo, voy de cabeza. ¡Este profe es un sádico! Voy a intentar con el comentario de texto. Bff, peor que peor: «*the haves and the have-nots*». ¿Qué demonio querrá decir esto? Son cinco preguntas y las dos primeras no las sé hacer. Pff, como no apruebe – ya no me dejan matricularme más. Este es el tercer año que repito. Mi padre me manda a trabajar a la obra. Se me pone la carne de gallina.

50 Después del último ensayo

¡Fantástico chicos! ¡Genial!!! Estoy superorgulloso de vosotros. Así mismo tiene que salir mañana. Luisa, has estado maravillosa. Te juro que esta vez tu monólogo ha sido tan emocionante que se me ha puesto la carne de gallina.

ponérsele la carne de gallina a uno
eine Gänsehaut kriegen
(Hühnerfleisch)

!

51

Ya ha pillado a José María

Cuidado que viene. Guarda la chuleta. Cualquiera copia con éste. Tiene cuatro ojos. Yo ya ni lo intento. Desde aquella vez que me cogió con el libro abierto, no me he atrevido más. Ahí viene otra vez. Vaya por Dios. Ya ha pillado a José María. Mira que se lo tengo dicho. El pobre se ha puesto como un tomate.

52

En el camerino

Te has dado cuenta que descarado es el director. No se anda con rodeos. Está claro que Luisa es su preferida.
Yo lo comprendo … la tía está como un tren, pero podría disimilar un poco.
La pobre se puso como un tomate. Siempre pasa lo mismo con los directores. Todos están cortados por el mismo patrón.

!

ponerse como un tomate
rot werden
(vor Scham)

53 ¡Qué empollón eres!

¿Han salido las notas de inglés?
Todavía no.
¿Cómo lo hiciste?
Yo creo que bien, ¿y tú, Miguel?
Regular. ¿Qué significa eso de «*the haves and the have-nots*»?
Hombre, está chupado. Eso significa los pobres y los ricos. En cuanto a los conocimientos – tú y yo.
¡Qué empollón eres!
Yo hasta que no veo la lista siempre tengo la mosca detrás de la oreja.

54 Director y empresario

¿Estará contento?
No está mal, pero podría ser mejor.
¿No le ha parecido un buen trabajo?
Ah, sí, claro, me refería a la venta.
Pero si ha habido un lleno total.
Bueno, no tanto. Se han cubierto dos tercios de las butacas, pero hay que tener en cuenta que el día del estreno se reparte el diez por ciento a los periodistas, a la crítica y a las autoridades.
Siempre ocurre lo mismo con los empresarios, siempre tienen que poner peros. El teatro se llena y vosotros decís que no se gana dinero. Yo ya tengo la mosca detrás de la oreja.

tener la mosca detrás de la oreja
1. unangenehmes ahnen, 2. stinkig/schwer geladen sein (ursprünglich: wenn das Zugtier eine Mücke hinterm Ohr hat)

55

¿Por qué no protestas?

Estás muy serio. ¿Qué te pasa, te han suspendido?

No, pero me han puesto un cinco nada más. Y yo me esperaba más nota.

¿Entonces por qué no protestas?

No, no me fío. José Antonio le pidió ver el examen la otra vez y le dijo que había aprobado por los pelos y por poco lo suspende. Yo no me atrevo a arriesgarme. Y además, más vale pájaro en mano que ciento volando.

Eres un monstruo

Luisa, haz el favor, quiero presentarte a Don Emilio Fernández. Es el empresario más importante de Madrid.

Encantada.

Me ha gustado tu interpretación. Eres un monstruo. No he visto nadie como tú.

Muchas gracias.

Puedes llegar adonde quieras. Además con esa cara y con ese cuerpo te puedo conseguir todos los mejores papeles.

No es para tanto.

Sí, sí, te lo aseguro yo. Mira, te invito a cenar y hablamos más tranquilamente. Quizá puedo echarte una mano.

No, no, muchas gracias, pero voy a celebrarlo con mis compañeros.

Es que precisamente tengo un papel …

… muchas gracias, pero yo de momento me quedo aquí. Más vale pájaro en mano que ciento volando.

Más vale pájaro en mano que ciento volando.

Lieber einen Spatz in der Hand als eine Taube auf dem Dach. (Lieber einen Vogel in der Hand, als daß hundert fliegen.)

57 No se ha dado por vencido

¿Has visto a Miguel?
Sí, va como loco.
¿Por qué?
¡Está más contento! Acaba de salir del despacho del catedrático. Lo habían suspendido. Pero él no se ha dado por vencido y no sé como se las habrá arreglado, pero ha conseguido que lo aprueben.
El tío no tiene ni puta idea y mira, se ha llevado el gato al agua.

58 Una entrevista al director

¿Qué opinión le ha merecido este estreno teniendo en cuenta la mala situación actual del teatro y la crisis de audiencia debida a la proliferación de la industria distribuidora de vídeos?
Perdón, ¿cuál era la pregunta?
Bueno, ¿qué le ha parecido el estreno de hoy?
Considero que podemos sentirnos realmente satisfechos. Es una obra muy compleja y para nosotros era un desafío llegar a este público que tiene fama de difícil, exigente y nada fácil de conquistar. Pero pienso que nos hemos llevado el gato al agua.

llevarse el gato al agua
restlos überzeugen und vollends für sich gewinnen;
eine schwierige Situation überstehen
(die Katze ins Wasser tragen)

59 Me conformo con suficientes

¿Cómo te ha ido, Miguel?
De puta madre, no me ha quedado nada. Lo he aprobado todo.
Dirás que te lo han aprobado todo, porque vaya cara que tienes.
Hombre, mi trabajo me ha costado.
No será de estudiar.
Bueno, uno trabaja con los libros y yo me trabajo a los profesores. A mí no me interesa sacar sobresaliente. Me conformo con suficientes. Total, a caballo regalado …

60 Me quiere llevar a Holivud

Luisa, ¿quien es este chico que acaba de salir?
Es de la floristería. Me han mandado un regalo.
¿Quién?
El tipo ese que me da la lata diciendo que me quiere llevar a Holivud. Es un plomo.
¿Y qué te ha mandado?
Mira, ahí encima está. Ese collar tan feo.
Tan feo no es. Y además, a caballo regalado no hay que mirarle el dentado.

A caballo regalado no hay que mirarle el dentado.
(auch: mirarle los dientes)
Einem geschenkten Gaul guckt man nicht ins Maul.

41 El examen final

qué remedio tengo
was bleibt mir anderes übrig
de tonto no tiene un pelo
blöd ist er gar nicht (er hat nicht ein Haar von blöd)

42 En un ensayo de teatro

de cabo a rabo
von A bis Z
estreno
Premiere
cuajar ‹ ›
hinhauen, flutschen
ahora nos sales con esto
jetzt kommst du uns damit

43 ¡Qué injusticia!

qué rollo ‹ ›
was ein Scheiß
capítulo de la telenovela
Folge der TV-Serie
echarse un billar ‹ ›
ein Billiard spielen
de juerga
auf Kneipentour

44 Ponle más sentimiento

para
halt an
traicionar
verraten, betrügen
ocurrírsele a uno
jemandem einfallen
que te hierva la sangre
das Blut soll dir kochen
apaga y vámonos
jetzt langt es aber!
como sigas así
falls du so weitermachst
para qué hablar
wozu noch darüber reden?

45 Voy a ir a la cocina

jolines ‹ ›
verdammt
sin parar
ohne Pause
y lo que me queda
und was ich noch alles tun (hier: lernen) muß

46 No hay tiempo para comer

desanimado
mutlos, bedrückt
pone cada uno algo de su parte
jeder muß seinen Teil beitragen, sich anstrengen
hago la maleta
ich pack die Koffer
acércate
geh hin

47 Bueno, ¡basta ya!

volando
im Fluge
molido
groggy
me echo un rato
ich lege mich ein Weile aufs Ohr
suspender
durchfallen lassen

48 No aguanto más

el colmo
der Gipfel
pérdida de tiempo
verlorene Zeit
agotado
erschöpft
lavabo
Toilette
negarse
sich weigern

destrozar
zerreißen

49 En el examen

de dónde lo habrá sacado
wo hat er denn das hervorgeholt
voy de cabeza
ich drehe durch
sádico
Sadist
comentario de texto
Textkommentar (als Teil der Prüfung)
qué demonio querrá decir esto
was zum Teufel heißt das
aprobar
bestehen
matricularse
sich einschreiben
obra
Bau

50 Después del último ensayo

superorgulloso
superstolz
salir
funktionieren, klappen
emocionante
aufregend

51 Ya ha pillado a José María

chuleta
Spickzettel
cualquiera copia con éste ‹ ›
niemand schreibt bei dem ab
vaya por Dios
um Gottes willen
pillar
erwischen
se lo tengo dicho
hab ich's nicht gesagt

52 En el camerino

descarado
unverschämt
andarse con rodeos
um den heißen Brei schleichen
estar como un tren ‹ ›
toll aussehen
disimular
vertuschen
cortados por el mismo patrón
aus gleichem Holz geschnitzt

53 ¡Qué empollón eres!

regular
mäßig
chupado ‹ ›
kinderleicht
en cuanto a
was … betrifft
conocimientos
Kenntnisse
empollón
Streber

54 Director y empresario

lleno total
voll besetzt
cubierto
abgedeckt, losgeworden
butacas
Sitze
repartir
verteilen
autoridades
die Würdenträger, die nie zu zahlen brauchen
poner peros
herummäkeln

55 ¿Por qué no protestas?

más nota
bessere Note
fiarse
sich trauen
por los pelos
ganz knapp
por poco
fast
suspender
durchfallen (lassen)
arriesgarse
riskieren

56 Eres un monstruo

eres un monstruo ‹ ›
du bist großartig
papel
Rolle
no es para tanto
so doll ist es auch nicht
echar una mano
helfen, zur Hand gehen

57 No se ha dado por vencido

despacho del catedrático
Zimmer des Lehrers/Professors
darse por vencido
sich geschlagen geben
arreglárselas
etwas hinkriegen
aprobar
bestehen
no tiene ni puta idea ‹ ›
er hat nicht den blassesten Dunst

58 Una entrevista al director

merecido
verdient
teniendo en cuenta
berücksichtigend
audiencia
Zuschauerschaft, Publikum
debido
wegen
proliferación de la industria distribuidora de vídeos
Fortschreiten der Video-Vertriebsindustrie
desafío
Herausforderung
tener fama
berühmt sein
exigente
anspruchsvoll
conquistar
erobern

59 Me conformo con suficientes

de puta madre ‹ ›
hervorragend (von Hurenmutter)
no me ha quedado nada
ich habe alle Prüfungen geschafft
me trabajo a los profesores
ich beackere die Lehrer
sobresaliente
eins Plus, herausragend
conformarse
sich begnügen
suficiente
ausreichend

60 Me quiere llevar a Holivud

floristería
Blumenladen
dar la lata ‹ ›
auf den Geist gehen
plomo ‹ ›
Nervensäge
collar
Halskette

TEMA 3

1. Sólo uno es correcto

1. Tengo hambre, a ver si
- **a** me llevo el gato al agua.
- **b** me importa un pepino.
- **c** mato el gusanillo.

2. El otro día lo pillaron cuando estaba robando en el Corte Inglés y
- **a** se puso como un tomate.
- **b** mató el gusanillo.
- **c** se llevó el gato al agua.

3. Cada vez que veo la escena de la ducha
- **a** tengo la mosca detrás de la oreja.
- **b** se me pone la carne de gallina.
- **c** me pongo como un tomate.

4. Cada vez que yo veo la escena de la ducha
- **a** me importa un pepino.
- **b** me llevo el gato al agua.
- **c** me aburro como una ostra.

5. ¿Quieres saber lo que me ha costado?
- **a** Estoy como una cabra.
- **b** A caballo regalado no hay que mirarle el dentado.
- **c** Más vale pájaro en mano que ciento volando.

6. Esta vez voy a preparármelo bien, a ver si
- **a** mato el gusanillo.
- **b** me llevo el gato al agua.
- **c** me pongo como un tomate.

Solución: 1. ☐ **2.** ☐ **3.** ☐ **4.** ☐ **5.** ☐ **6.** ☐

2. Dígalo con otra expresión

1. Ponerse colorado de vergüenza.

....

....

2. Está loco.

....

....

3. Sospechar algo.

....

....

4. Convencer a todo el mundo.

....

....

5. No me parece muy interesante.

....

....

6. No conviene arriesgarse.

....

....

7. Voy a comer algo.

....

....

8. Hay que conformarse con lo que te dan.

....

....

9. Se me ponen los pelos de punta.

....

....

10. Me da igual.

....

....

3. ¿Cómo sigue la frase?

1. Quédate en la empresa. Aquí tienes un puesto seguro,
2. Esta noche ha cantado como nunca,
3. Dice que está bien a pesar del accidente, pero
4. Mi novio se fue con Luis para cabrearme. Pero a mí
5. Cada vez que siento cantar al Camarón de la Isla
6. Es que Antonio es muy tímido. Fernanda lo mira y él
7. No le hagas mucho caso. Hoy no dice nada más que tonterías,
8. No me gustó nada la obra,
9. No he almorzado. Sólo piqué algo
10. Le compro un abrigo de piel y me pregunta lo que me ha costado. Parece que no sabe que

a está como una cabra.
b me aburrí como una ostra.
c para matar el gusanillo.
d me importa un pepino.
e se me pone la carne de gallina.
f se pone como un tomate.
g yo tengo la mosca detrás de la oreja.
h más vale pájaro en mano que ciento volando.
i se ha llevado el gato al agua.
j a caballo regalado no hay que mirarle el dentado

Solución: 1. ☐ 2. ☐ 3. ☐ 4. ☐ 5. ☐ 6. ☐ 7. ☐ 8. ☐ 9. ☐ 10. ☐

4. Traduzca

1. Der Film dauerte mehr als vier Stunden. Ich habe mich zu Tode gelangweilt.

   ....

   ....

2. Als ich sie splitternackt sah, wurde ich rot wie eine Tomate.

   ....

   ....

3. Ich habe seit zwei Uhr nichts gegessen. Laßt uns doch eine Kleinigkeit essen.

   ....

   ....

4. Sie geht mit einem anderen aus, und er ist stinkig.

   ....

   ....

5. Ich höre diese Musik und kriege eine Gänsehaut.

   ....

   ....

6. Frag nicht soviel, einem geschenkten Gaul guckt man nicht ins Maul.

   ....

   ....

7. Das mit Luisa ist mir schnurzpiepegal.

   ....

   ....

8. Mehr will ich nicht, lieber ein Spatz in der Hand als eine Taube auf dem Dach.

   ....

   ....

9. Wie gut Antonio gestern abend war, er hat restlos überzeugt.

   ....

   ....

10. Sprich nicht mit ihm, er spinnt.

   ....

   ....

TEMA 4

RELIGION

61 En un convento

Hermano Mateo, ¿se ha dado cuenta usted de que se está haciendo tarde? Se le está echando la hora encima.
Ay, por Dios, se me había olvidado.
El tren del obispo llega a las once y cuarto. Y antes tiene que pasarse por el convento de las dominicas para recoger las torrijas y las bizcotelas que nos tienen preparadas.
Y además tengo que echar gasolina.
Apúrese, no se le vaya el santo al cielo.

62 Una fiesta de unos amigos

Mamá me tengo que ir.
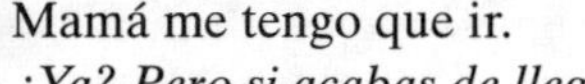
¿Ya? Pero si acabas de llegar.
Ya son las nueve y media.
¿Adónde vas, hijo?
No seas tan curiosa. Bueno, a una fiesta de unos amigos. De verdad, me tengo que ir.
No vienes nunca, y para una vez que vienes, te tienes que ir corriendo. Siempre pierdes el culo por irte …
Pero, ¡qué culpa tengo yo! La fiesta empezaba a las ocho y ya son las nueve y media. Nos ponemos a charlar y se me va el santo al cielo.

Se me va el santo al cielo.
Ich bleibe stecken, komme mit etwas nicht weiter;
auch: den Faden verlieren
(Der Heilige entwischt mir in den Himmel.)

!

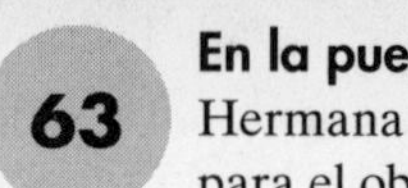

En la puerta de las dominicas

Hermana Dolores, he venido a por los dulces para el obispo.
Ayer nos quedamos esperándole. Ya pensabamos que no venía.
Como de todas formas tenía que bajar hoy a la estación, pensé pasar en el camino. Y así mataba dos pájaros de un tiro.
Bueno, ¿sabe lo que ha pasado? Temíamos que se nos estropeaban las torrijas y se las ha llevado el hermano Eusebio de los franciscanos.
Vaya por Dios, el obispo se ha quedado sin su postre preferido.
Quien llega tarde, ni oye misa ni come carne.

Mala suerte

¿Qué hay para comer?
Hay de todo: ensaladillas, suflé de broccolis riquísimo, patés, pastel de pollo, empanada, langostinos en salsa americana …
Eso sí que me apetece, ¿cómo están?
Están para chuparse los dedos. Los ha preparado Luisa.
A ver, ¿dónde están? … Yo no los veo por ningún sitio.
A ver … pues ahí estaban. Mala suerte. Quien llega tarde ni oye misa ni come carne.

Quien llega tarde, ni oye misa ni come carne.
Wer zuletzt kommt, mahlt zuletzt.
(Wer zu spät kommt, hört keine Messe und ißt kein Fleisch.)

En una pastelería

Buenos días, hermano Mateo, ¿qué se le ofrece?
Buenos Días, Gerardo, déme una torrija.
¿Para llevar?
No, para tomar. Es que viene hoy el obispo y las torrijas son su postre preferido.
Pruébela, verá que buenas están.
... ñam ñam ... ñam ñam ... sí que están buenas, sabe a gloria. Póngame dos docenas y otra para tomar.

Prueba el pastel

Esto sí que me gusta. Sabe a gloria.
¡Hombre, lo he hecho yo!
Dame otro trozo.
Todo el que prueba, repite.

saber a gloria
nach Himmelreich schmecken
(Gegenteil: saber a demonios)

67 Antes de saludar

Siempre me tiene que tocar a mí. Allí sale de aquel vagón. ¡Mira a quien trae! Como no, él nunca puede venir solo. Siempre tiene que ir cargado con el mariquita ese. Con lo mal que me cae. Lo odio. No me quiero ni acordar de la última vez. Todas las tonterías que tuve que aguantar. Válgame Dios. Me tuvieron de chófer todo el santo día visitando a sus colegas. Que menudos son también. Dios los cría y ellos se juntan. … Bienvenido señor obispo, buenos días …

68 No había más que gilipollas

¿Fuiste a la fiesta de Javier?
Sí, pero me fui corriendo.
¿Por qué?
Estaba ahí Mari Pili con el novio que se ha echado ahora. La tía más tonta que me he echado a la cara.
Yo por eso no fui, porque sabía que ella iba a aparecer por ahí.
Y luego para colmo llegaron Tina y Fali.
¡Uyy, por Dios.! Así es que no había más que gilipollas. Dios los cría y ellos se juntan.

Dios los cría y ellos se juntan.
Gleich und gleich gesellt sich gern.
(Gott erschafft sie, und sie tun sich zusammen.)

69 **En la mesa**

¿No va a comer con nosotros el sacristán?
No, señor obispo, es que ha ido a visitar a su familia.
¿Se ha casado?
¡Que más quisiera él! Con lo feo y bruto que es, ¿quién va a quererle?
¿Y cómo es que no toma los hábitos?
De todas maneras se va a quedar para vestir santos.
¡Hermano, por favor! ¡No seas irreverente!

70 **Ya está muy madurita**

¡Mira quien está ahí!
¿Quién, Matilde?, ya la he visto. No se pierde ni una.
La pobre siempre está más sola que la una. Siempre tan arregladita, tan mona, con una ropa al último grito.
¡Para lo que le sirve! Esa ya no consigue ligue. No creo. Ya está muy madurita.
Esa se queda para vestir santos.

quedarse para vestir santos
unverheiratet bleiben
(zurückbleiben und Heiligenfiguren – in der Kirche für die Prozession – anziehen)

71

Me toca otra vez a mí

¡Virgencita, perdóname! Pero no aguanto más. Yo que vi el cielo abierto cuando el prior me dijo que no les hacía falta y que me podía tomar la tarde libre. Y resulta que ya no vienen a recoger al obispo y me toca otra vez a mí hacer de chófer. ¡Ayúdame a llevar esta cruz!

72

La vi con un tío

Pues estaba saliendo con alguien, ¿no?
¡Qué va!
Pues yo la vi con un tío en la fiesta de cumpleaños de mi hermana.
Estaba más contenta. Ella ya veía el cielo abierto.
¿Y cómo terminó?
Era un tío casado que le dijo que iba a separarse de la mujer pero que luego ha vuelto con la familia.
Y Matilde – solterona para toda la vida.

ver el cielo abierto
sich am Ziel seiner Wünsche sehen, jubeln
(den Himmel offen sehen)

73

Me aburro como una ostra

Ya no vengo más contigo de viaje.
¿Y eso, por qué?
Porque me tienes encerrado aquí en este maldito convento.
No seas así. Hemos venido por temas de trabajo y no de vacaciones y a visitar a los amigos.
Sí, pero tú estás todo el día con tus reuniones y yo – como no tengo vela en ese entierro – me aburro como una ostra. Y cualquiera le dice al hermano Mateo que me baje a Córdoba en coche.

¡Pero tú qué entiendes de coches!

Coge los doscientos veinte.
¡Qué dices, tío! Ese coche no tiene más que noventa caballos.
¡Pero tú qué entiendes de coches!
Mi cuñado por poco se lo compra.
Otro que bien baila. ¡Qué sabrá tu cuñado!
(se mete otro experto en la materia)
No lleváis razón ninguno de los dos. El 150 GTX es la versión con tracción a las cuatro ruedas, hecho para el campo y en la autopista no coge más de los 165.
¿Y a tí quién te ha dado vela en este entierro?

no tener vela en este entierro
nichts zu melden haben
(keine Kerze bei diesem Begräbnis haben)

75

Hay que respetar las tradiciones

En mi opinión, señor obispo, es menester ofrecer a los jóvenes un abanico amplio de posibilidades.
Pues el año pasado organizamos los retiros espirituales bajo el lema de la caridad y el resultado fue muy positivo. Yo no creo que haya que darles tanta libertad a los jóvenes.
Pero hay que adaptarse a estos tiempos o nos quedaremos solos. Yo soy partidario de un cambio radical.
¡Hermano prior! Hay que respetar las tradiciones, hágame caso, que más sabe el diablo por viejo que por diablo.

76

No todo el mérito es mío

Mari Carmen, te felicito. No sé cómo te las arreglas pero todas tus fiestas te salen a pedir de boca.
Muchas gracias mujer, no exageres.
No, de verdad. La comida estaba exquisita, la música no podía ser mejor y estaba todo el mundo muy animado.
No todo el mérito es mío. La verdad es que todos mis invitados son encantadores.
Ya llevo cinco años viniendo y ni una vez me he aburrido. Siempre me lo paso bomba.
Más sabe el diablo por viejo que por diablo.

Más sabe el diablo por viejo que por diablo.
Ein alter Hase kennt sich aus.
(Der Teufel weiß mehr, weil er alt – und erfahren – ist, denn weil er ein Teufel ist.)

77 Siempre ocurre lo mismo

Siempre ocurre lo mismo. Nosotros nos tiramos todo el invierno preparando los ejercicios espirituales para la primavera y ahora llega el que manda y nosotros tenemos que agachar la cabeza. Con este personal la iglesia está dejada de la mano de Dios. Y por lo menos el prior esta vez se le ha enfrentado y ha cogido el toro por los cuernos. Nunca se había calentado de ese modo, por poco se arma la de Dios.

78 Toman muchas copas

¿Qué pasa ahí?

Juanjo y Pedro que están discutiendo.

Siempre pasa lo mismo, ¿no? Toman muchas copas, se les sube el alcohol a la cabeza y arman la de Dios.

armar la de Dios/armar bulla
einen ordentlichen Streit vom Zaun brechen

79

Al obispo le iba a dar un ataque

Ahí van, gracias a Dios. ¡Qué ganas tenía de perderlos de vista! Esta vez no se ha salido con la suya. Menuda bronca tuvieron ayer. Jamás había visto al prior tan alterado. Al obispo le iba a dar un ataque cuando dijo que no. Menos mal que se han ido. Si no, esto termina como el rosario de la aurora.

80

Se han liado a hostias

Oye,¡ pero si se están pegando!
¡Qué me dices!
¡Qué vergüenza!
No aguanto a la gente que tiene tan mala bebida.
¿Por qué no los echan a la calle?
Jo, esto no hay quien lo pare. Se han liado a hostias.
Yo me voy porque esto va a acabar como el rosario de la aurora.

!

acabar como el rosario de la aurora
bös enden
(wie der Rosenkranz im Morgengrauen)

61 En un convento

echársele la hora encima
spät werden
obispo
Bischof
dominicas
Dominikanerinnen
torrijas
Honig- und Weingebäck
bizcotelas
feines Zuckerbrot
echar gasolina
tanken
apurarse
sich beeilen

62 Una fiesta de unos amigos

irse corriendo
schnell weglaufen
perder el culo por ⟨!⟩
verrückt sein nach

63 En la puerta de las dominicas

estropear
schlecht werden

64 Mala suerte

chuparse los dedos
sich die Finger schlecken

65 En una pastelería

qué se le ofrece
was darf es sein
para llevar
zum mitnehmen
ñam ñam
frommes Schmatzgeräusch
docena
Dutzend

66 Prueba el pastel

todo el que prueba, repite
wer das probiert, der repetiert (das heißt, wer erst mal damit anfängt, der hört nicht mehr auf)

67 Antes de saludar

ir cargado
mit sich schleppen
mariquita ⟨ ⟩
Tunte
caer mal
nicht leiden können
válgame Dios
um alles in der Welt
que menudos son también
die auch nicht besser sind

68 No había más que gilipollas

echarse un novio
sich einen Freund zulegen
la tía más tonta que me he echado a la cara
die blödeste Tante, die mir je untergekommen ist
gilipollas ⟨!⟩
Arschloch (Dummschwanz)

69 En la mesa

que más quisiera
was wollt ich mehr
bruto
ungehobelt
tomar los hábitos
ins Kloster gehen
irreverente
unehrerbietig, respektlos

70 Ya está muy madurita

no perderse ni una
aber auch nichts auslassen

más solo/a que la una
einsam
tan arregladita
so herausgeputzt
mono
hübsch
conseguir ligue ‹ ›
anbändeln

71 Me toca otra vez a mí

virgencita
Jungfräuchen
recoger
abholen
llevar una cruz
eine Last (ein Kreuz) tragen

72 La vi con un tío

solterona
alte Jungfer

73 Me aburro como una ostra

encerrado
eingesperrt
maldito
verdammt
reunión
Sitzung
aburrirse como una ostra
sich zu Tode langweilen
y cualquiera le dice
irgend jemand sagt ihm (heißt hier: ich trau mich nicht, es ihm zu sagen)

74 ¡Pero tú qué entiendes de coches!

coger
schaffen (Höchstgeschwindigkeit)
caballos
PS
por poco se lo compra
fast hätt er ihn sich gekauft
otro que bien baila
noch so ein Oberschlauer
tracción a las cuatro ruedas
Allradantrieb

75 Hay que respetar las tradiciones

menester
notwendig
abanico amplio de posibilidades
breiter Fächer an Möglichkeiten
retiros espirituales
spirituelle Übungen
bajo el lema
unter dem Motto
soy partidario
ich bin Anhänger

76 No todo el mérito es mío

no sé cómo te las arreglas
ich weiß nicht, wie du das schaffst
a pedir de boca
nach Herzenslust
mérito
Verdienst
encantador
entzückend
siempre me lo paso bomba
ich finde es immer ganz toll

77 Siempre ocurre lo mismo

agachar la cabeza
den Kopf senken, zustimmen
dejada de la mano de Dios
von Gott verlassen
enfrentarse
sich jemandem entgegenstellen
coger el toro por los cuernos
den Stier bei den Hörnern packen

78 Toman muchas copas

Toman muchas copas
sie trinken viel
se le sube el alcohol a la cabeza
der Alkohol steigt ihm in den Kopf

79 Al obispo le iba a dar un ataque

perder de vista
aus den Augen verlieren
salir con la suya
seinen Kopf durchsetzen
menuda bronca
ein schöner Krach!
alterado
erregt
le iba a dar un ataque
der bekam (fast) einen Anfall

80 Se han liado a hostias

pegarse
sich schlagen
tener mala bebida
das Trinken schlecht vertragen und aggressiv werden
se han liado a hostias ‹ ›
sie haben sich die Fresse poliert

TEMA

EJERCICIOS

1. Sólo uno es correcto

1. Ya son las diez y media. Nos lo hemos comido todo.
- **a** No tenemos vela en este entierro.
- **b** Dios los cría y ellos se juntan.
- **c** Quien llega tarde ni oye misa ni come carne.

2. Ya es el tercer novio que la deja, así que
- **a** va a quedarse para vestir santos.
- **b** más sabe el diablo por viejo que por diablo.
- **c** sabe a gloria.

3. Cuando llegaron mis hermanos para ayudarme,
- **a** me quedé para vestir santos.
- **b** acabé como el rosario de la aurora.
- **c** vi el cielo abierto.

4. Consulté con mi abuelo, porque
- **a** quien llega tarde ni oye misa ni come carne.
- **b** más sabe el diablo por viejo que por diablo.
- **c** sabe a gloria.

5. No sé por qué se tiene que meter en este asunto. No quiere comprender que
- **a** se me va el santo al cielo.
- **b** quien llega tarde ni oye misa ni come carne.
- **c** no tiene vela en este entierro.

6. No se va a vender nada, se va a tener que devolver todo el dinero y todo esto
- **a** va a acabar como el rosario de la aurora.
- **b** va a ver el cielo abierto.
- **c** va a saber a gloria.

Solución: 1. ☐ **2.** ☐ **3.** ☐ **4.** ☐ **5.** ☐ **6.** ☐

2. Dígalo con otra expresión

1. Lo que cuenta es la experiencia.

2. No se va a casar nunca.

3. Monta un escándalo.

4. Lo ha conseguido y por esto se ha puesto contento.

5. Conviene ser puntual para no perderse nada.

6. Esta tarta está riquísima.

7. Deja de distraerte, si no se te va a hacer tarde.

8. Terminará mal.

9. Lo que yo opino parece que no cuenta.

10. Desde que se conocieron son íntimos amigos.

3. ¿Cómo sigue la frase?

1. Mi padre llevaba la razón,
2. Te he dicho a las nueve y ya son las once,
3. Nunca he comido una pizza tan deliciosa,
4. Ya no se quiere casar,
5. La monja la pilló fumando y
6. Le han aprobado el examen de matemáticas,
7. No tenía intención de venir a esta reunión, porque
8. Me pongo la telenovela de sobremesa y
9. Yo no he visto a nadie que se llevara tan bien,
10. En la cena empezaron a pelearse y claro,

a Dios los cría y ellos se juntan.
b quien llega tarde ni oye misa ni come carne.
c armó la de Dios.
d acabó como el rosario de la aurora.
e se me va el santo al cielo.
f no tengo vela en este entierro.
g más sabe el diablo por viejo que por diablo.
h se va quedar para vestir santos.
i sabe a gloria.
j ahora ve el cielo abierto.

Solución: 1. ▢ 2. ▢ 3. ▢ 4. ▢ 5. ▢ 6. ▢ 7. ▢ 8. ▢ 9. ▢ 10. ▢

4. Traduzca

1. Wie gut die Paella ist! Sie schmeckt wunderbar.

....

....

2. Endlich scheint José gegangen zu sein. Jetzt hat er Grund, sich sehr zu freuen.

....

....

3. Ich bleibe nicht, ich habe hier eh nichts zu melden.

....

....

4. Mensch, seit dreizehn Jahren arbeite ich auf diesem Gebiet. Ein alter Hase kennt sich aus.

....

....

5. Ich habe es fürchterlich eilig und kriege das nicht geschafft.

....

....

6. Ich will mir das nicht ausdenken. Das wird ein böses Ende nehmen.

....

....

7. Pili, bitte, es ist schon elf Uhr. Wer zuletzt kommt, mahlt zuletzt.

....

....

8. Als er es merkte, fing er einen fürchterlichen Streit an.

....

....

9. Was willst du von solchen Typen erwarten? Gleich und gleich gesellt sich gern.

....

....

10. Asunta findet keinen Mann mehr, sie wird unverheiratet bleiben.

....

....

TEMA 5

RELACIONES

81 Entre mujeres

¿Qué, has venido sola?
Voy a seguir sola mucho tiempo.
¿Y eso?
Porque por fin me he separado de Enrique. Ya no podía más. Me tenía amargada.
Hace tiempo que tenías que haber tomado esa decisión. Siempre os estabáis peleando ...
Ahora me siento mejor. Estoy como perro que le quitan pulgas.
Hacía falta que te quitaras ese muerto de encima.

82 En una oficina cualquiera

¿Otra vez me va a tocar a mí?
¿Qué quieres, yo lo he hecho cuatro años?
Entonces ya sabes lo pesado que es. Yo ya estoy hasta la coronilla de pasar a máquina, sacar 20 mil copias, doblarlas, ponerlas en sobres, ponerles los sellos y llevarlas a Correos. ¡Para eso no he estado estudiando cinco años! ¡Qué ganas tengo de quitarme el muerto de encima!
Ya te falta poco. No sabes que el lunes entra a trabajar un chico nuevo ...

quitarse el muerto de encima
eine unangenehme Aufgabe loswerden
(sich den Toten vom Hals schaffen)

83

Con el ex-novio

Mira Antonia, yo sigo queriéndote como el primer día. Es verdad que nos peleamos mucho, pero al fin y al cabo no podemos vivir el uno sin el otro.
Venga ya. No me hagas la pelota. Yo ya estoy decidida. A lo hecho, pecho. Ya no hay marcha atrás.
Esto es una crisis que tenemos que superar. Le pasa a todo el mundo. Tenemos que poner cada uno un poco de nuestra parte. En las parejas es así. Hay peleas, pero luego lo bonito es hacer las paces.

84

Va como Pedro por su casa

¿Te has fijado en la hora que ha llegado hoy?
No exageres, no es para tanto. Tú también llegas tarde algunas veces.
Pero éste lleva aquí cuatro días y ya va como Pedro por su casa. Se las sabe todas. Ayer estuvo protestando porque decía que él no tiene que ir a echar el correo y hoy me viene con que se tiene que ir media hora antes.
Lo que parece mentira es que tú le reproches esto. Tú también protestabas.
Sí, yo protestaba, pero lo hacía.
Yo no quiero meterme en medio. Pero es una tontería que no os habléis estando en la misma habitación todo el día. Ponéos de acuerdo y haced las paces de una vez.

!

hacer las paces
Frieden schließen, sich aussöhnen

85 Me cuesta, me cuesta

¿Estás ya más tranquila?

Sí, pero me cuesta, me cuesta. No me imaginaba yo que iba a ser tan duro.

Sí, pero esos son unos días. Ahora estás más libre, puedes hacer lo que te da la gana.

Pero a pesar de todo lo echo de menos. Han sido cuatro años juntos. Y son muchos recuerdos, muchas vivencias, muchas cosas que nos unen.

Ya comprendo que duele, pero te darás cuenta que no hay mal que por bien no venga.

86 Estoy superocupado

Hombre, Fernando. ¿Cómo te va la vida? Desde que subiste de planta no hay quien te vea el pelo.

Es que estoy superocupado. Estamos preparando la feria de Milán y todos los problemas caen sobre mí.

¿Y vas a ir?

Hombre, claro, ¡faltaría más! Marisa y yo tenemos el vuelo mañana a las cuatro.

¿Marisa? ¿Quién es Marisa?

Mi secretaria, es mis pies y mis manos. Sin ella no sé hacer nada.

¡Qué suerte , tío!

Ya me lo merecía. Me tuve que tirar con vosotros seis años currando como un negro. Pero no importa, no hay mal que por bien no venga.

!

No hay mal que por bien no venga.
Auf Leid folgt Freud.

87

¡Qué putada!

Lo que me faltaba. Las desgracias nunca vienen solas: primero la separación después de tantos años, y ahora la pobre de mi madre se pone tan mala que la tienen que operar. ¡Qué putada! Tengo yo los ánimos como parar estar metida en un hospital. Y encima en plena época de exámenes. ¿Cómo voy a poder estudiar con esta carga encima? ¡Eramos pocos y parió la abuela!

88

Hay que echarle paciencia

Jefe, tengo que hablar con usted.
Usted dirá.
Pues resulta que desde que ha entrado el nuevo todo son problemas. Usted me dijo que le introduzca en su trabajo y él a todo le pone pegas: que si no va a Correos, que si está harto de hacer fotocopias, que si él tiene una titulación superior ...
Hay que echarle paciencia.
Ya, pero si éste no hace lo que tiene que hacer ... siempre se está escaqueando.
Tenga en cuenta que ustedes son colegas y usted no es su jefe.
Pues ya teníamos bastantes problemas antes de que viniera él. Eramos pocos y parió la abuela.

Eramos pocos y parió la abuela.
Wir kamen vom Regen in die Traufe.
(Wir waren wenige – gemeint ist: schon viel zu viele –, und da hat die Oma – zu allem Übel noch – ein Kind gekriegt.)

89 Inténtalo otra vez

Felix, ¿has vuelto a hablar con ella?
Sí, ya he ido dos veces, pero no hay manera de convencerla. No quiere dar su brazo a torcer.
Pero hay que insistir.
Ella está en plan duro, aunque yo sé que lo está pasando tan mal como yo. Ayer intenté hablar con ella, pero no quiso. Como además se le ha juntado lo de la madre …
Pues por eso, inténtalo otra vez. Niño que no llora no mama.

90 A ver si te aumenta algo

¿Y qué vas a hacer, lo tienes claro ya?
No, tengo que pensármelo bien.
¿Cuanto te pagarían?
30 mil más al mes, más dietas y desplazamientos.
Yo no me lo pensaría.
Pero ya llevo seis años aquí y … más vale malo conocido que bueno por conocer.
Pues habla con el jefe, a ver si te aumenta algo. Niño que no llora no mama.

Niño que no llora no mama.
Wer nicht schreit, geht leer aus.
(Das Kind, das nicht schreit, wird nicht gestillt.)

91 El penúltimo intento

No puedo más.
¿Qué pasa, Felix?
Tú lo sabes.
No te pongas así. Con eso no arreglas nada. Aunque volvamos, no vamos a resolver nada, porque dentro de un mes estaríamos en las mismas. Como siempre tú tienes que llevar la batuta …
Pero yo te quiero … buaaa, buaaa …
No llores por favor, toma un pañuelo.
Bueno … buaaa … vamos a poner las cartas sobre la mesa. Dime la verdad: tienes a otro, ¿no?
Mira, yo siempre he jugado limpio. Hoy por hoy no hay nadie, ni de momento quiero que lo haya. Pero una cosa la tengo muy clara y es que contigo no vuelvo.

92 Me han hecho una oferta muy interesante

Jefe, tengo que hablar con usted.
Usted dirá.
Pues resulta que me han hecho una oferta muy interesante. Y yo antes de tomar una decisión quiero comentarlo con usted y poner las cartas sobre la mesa.
Usted dirá.
Una firma importante me ha ofrecido llevar la representación de sus productos por todo el norte …
¿Quién es?
Una empresa internacional de maquinaria industrial.
Hable claro, y déjese de rodeos, ¿no ha dicho que quiere poner las cartas sobre la mesa?

poner las cartas sobre la mesa
die Karten auf den Tisch legen

Me he metido en un bingo

Hombre, Felix, ¡cuánto tiempo sin verte!
Hola.
¿Qué me cuentas?
Pues nada, acabo de perder quince mil pelas.
¿Pero cómo, en la calle?
No, es que estoy pasando un mal momento y no hago más que tonterías. Me he metido en un bingo …
No pasa nada, como dice el refrán: desgraciado en el juego, afortunado en amores.
¡Qué más quisiera yo! ¡Es que no sabes que Antonia y yo hemos roto!

Otra vez será

¿No te ha salido bien la jugada?
No, el jefe no está dispuesto a "revisar el salario".
¿Entonces te vas?
¿Ojalá!, pero han llamado del otro sitio y han retirado la oferta. Se ve que ya tienen a alguien.
Pero no pasa nada, otra vez será.
Menos mal que tengo a mi familia que me apoya, me comprende …
Hombre, desgraciado en el juego, afortunado en amores.

desgraciado en el juego, afortunado en amores
Pech im Spiel, Glück in der Liebe

95 No te ablandes

¿Habéis vuelto a hablar?

No, pero me llama casi todos los días.

¿Y cómo está?

Le cuesta … no lo quiere entender. Quiere volver conmigo. Como siga así no sé qué va a pasar. Yo tengo mis momentos débiles. A veces me pregunto si ha sido buena esta decisión. Además me da pena. Quizás debería echarle una mano.

¡Uy, uy, uyyyyy! Como te veo.

No, no, yo estoy decidida. Sería sólo para ayudarle. Al fin y al cabo llevamos juntos cuatro años.

Hazme caso y no te ablandes. No lo veas que quien quita la ocasión quita el peligro.

96 Si usted me lo permite

Jefe, tengo que hablar con usted.

Usted dirá.

Pues resulta que ya no podemos más.

¿Quiénes?

El compañero nuevo y yo.

¿Qué es lo que pasa?

Que no hay forma de entendernos. No hay cosa en la que estemos de acuerdo.

Ya estoy harto. Esto no puede seguir así.

Si usted me lo permite … yo he pensado que una solución sería cambiar su mesa a la habitación de abajo. Quien quita la ocasión quita el peligro.

Quien quita la ocasión quita el peligro.
Vorsicht ist die Mutter der Porzellankiste.
(Nimmt man die Gelegenheit, so nimmt man auch die Gefahr.)

97

Déjate de pamplinas

No sé qué hacer.
¿De qué? Desembucha.
Eres la única con quien puedo hablar y necesito un consejo.
Suéltalo ya.
Es que no sé. Ya hemos hablado tanto del tema y como ya sé lo que opinas ...
A ver, ¿qué pasa? Déjate de rodeos.
Es que al final ví a Felix y resulta que ...
Mira Antonia, déjate de pamplinas. ¿Qué quieres que yo te diga? ¿Que me parece bien que hagas las paces con Félix y vuelvas con él? Pues muy bien. Yo ya no entro ni salgo en este asunto.

Yo no tengo ningún problema

Acabo de hablar con el jefe.
¿Perdona, me hablas a mí?
Sí, sí, tengo algo que decirte. El jefe y yo hemos decidido que para evitar esta situación tan incómoda vamos a cambiar tu mesa al piso de abajo.
¿Qué?
Bueno, ¿sería mejor para los dos?
¿Y por qué no cambiamos la tuya? Yo no tengo ningún problema.
Pero así no podemos seguir.
Yo sí. Eres tú el que no puede.
¡No me pongas nervioso!
Yo estoy muy tranquilo. Si tú quieres cambiar tu mesa, no tengo ningún inconveniente. No entro ni salgo en este asunto.

No entro ni salgo en este asunto.
Ich habe mit der Sache nichts zu tun.

99

No cambiarás nunca

No me atrevo a decirte lo que ha pasado.
¿No me digas que te has echado otro novio?
Déjate de cachondeo.
¿Habéis hecho las paces?
Más que eso.
¡No me irás a decir que te has quedado embarazada!
No, por Dios, eso no. Pero nos vamos a casar.
¡Tú estás loca! Ya me olía yo la tostada.
¿No te parece bien?
No cambiarás nunca. Genio y figura hasta la sepultura.

100

Por aquí ya no paso

Jefe, tengo que hablar con usted.
Usted dirá.
Pues resulta que …
Ah no, por aquí ya no paso. Me trae frito, me tiene usted harto con sus estúpidos problemas. Primero el chico nuevo, después el aumento de sueldo, más tarde el cambio de mesa y ahora … ¿con qué me viene ahora? Ni me interesa. Haga el favor de dejarme en paz que tengo yo más preocupaciones que estar pendiente de sus tonterías. Y de paso … a ver si le queda un poco de tiempo para trabajar un poco. Es verdad que lleva seis años aquí, pero no cambia. Genio y figura hasta la sepultura.

Genio y figura hasta la sepultura.
Niemand kann über seinen Schatten springen.
(Wesen und Körper bis ins Grab)

TEMA 5

VOCABULARIO

81 Entre mujeres

me tenía amargada
er machte mir das Leben schwer
tomar una decisión
eine Entscheidung treffen
pelearse
sich streiten
como perro que le quitan pulgas
erleichtert wie ein entflöhter Hund

82 En una oficina cualquiera

pesado ‹ ›
nervig
sacar copias
Kopien machen
doblar
falten
ya te falta poco
bald bist du soweit

83 Con el ex-novio

no me hagas la pelota
komm mir nicht mit dem Schmus
a lo hecho, pecho
gesagt, getan
ya no hay marcha atrás
es führt kein Weg zurück
poner un poco de su parte
das Seine beitragen
en las parejas
im Zusammenleben

84 Va como Pedro por su casa

no es para tanto
so schlimm ist es auch wieder nicht
va como Pedro por su casa
er tut so, als wäre er der Obermacker; völlig ungeniert
sabérselas todas
ein Klugscheißer sein (auch: alles wissen)
reproche
Vorwurf
meterse en medio
sich einmischen

85 Me cuesta, me cuesta

me cuesta
es macht mir viel aus
lo echo de menos
ich vermisse ihn
vivencias
Erlebnisse
unir
verbinden

86 Estoy superocupado

subir de planta
befördert werden
no hay quien te vea el pelo
du bist wie vom Erdboden verschwunden, du läßt dich nicht mehr blicken
feria
Messe
faltaría más!
das wäre ja noch schöner
es mis pies y mis manos
ohne sie läuft gar nichts
tirar
damit zubringen zu
currar como un negro
schuften wie ein Ochse (Neger)

87 ¡Qué putada!

las desgracias nunca vienen solas
ein Unglück kommt selten allein
putada ‹ ›
schwerer Schlag
ánimos
Mut, Laune, Stimmung

88 Hay que echarle paciencia

poner pegas
herummäkeln

titulación superior
höhere Qualifikation

echar paciencia
Geduld haben
escaquearse
sich verdrücken
tenga en cuenta
bedenken Sie

89 Inténtalo otra vez

no dar el brazo a torcer
nicht nachgeben
está en plan duro ‹ ›
sie stellt sich stur, ist hartnäckig
se le ha juntado lo de la madre
das mit ihrer Mutter ist noch dazugekommen

90 A ver si te aumenta algo

tenerlo claro
genau wissen
dietas
Spesen
desplazamientos
Reisen

91 El penúltimo intento

aunque volvamos
selbst wenn wir wieder zusammenkommen
estaríamos en las mismas
wir wären wieder beim alten
llevar la batuta
sagen, wo es langgeht
pañuelo
Taschentuch
jugar limpio
fair und offen sein
hoy por hoy
heute und vorerst
contigo no vuelvo
zu dir kehre ich nicht zurück

92 Me han hecho una oferta muy interesante

comentar
besprechen
llevar la representación
die Vertretung übernehmen
dejarse de rodeos
zur Sache kommen

93 Me he metido en un bingo

cuánto tiempo sin verte
wir haben uns ja ewig nicht mehr gesehen
refrán
Sprichwort

94 Otra vez será

jugada
Zug, Streich
revisar el salario
das Gehalt überdenken
retirar
zurückziehen

95 No te ablandes

como siga así
wenn das so weitergeht
me da pena
er tut mir leid
debería echarle una mano
ich müßte ihm helfen
como te veo
wie bist du denn drauf!, was hast du vor!

no te ablandes
werd nicht weich

97 Déjate de pamplinas

desembuchar
auspacken, losschießen
suéltalo ya
laß es schon raus
déjate de rodeos
red nicht um den heißen Brei
déjate de pamplinas
hör auf mit dem Quatsch
hacer las paces
sich aussöhnen

98 Yo no tengo ningún problema

evitar
vermeiden
incómodo
lästig
no tengo ningún inconveniente
ich habe nichts dagegen

99 No cambiarás nunca

atreverse
sich wagen
echarse otro novio
sich einen anderen Freund anlachen
cachondeo ‹ ›
Ulkerei
quedar embarazada
schwanger werden
me olía yo la tostada
ich habe etwas geahnt

100 Por aquí ya no paso

por aquí ya no paso
weiter spiel ich nicht mit, jetzt habe ich aber genug
me trae frito ‹ ›
Sie machen mich fertig
me tiene usted harto
ich bin Ihren Kram leid
aumento del sueldo
Gehaltserhöhung
preocupaciones
Sorgen
estar pendiente
sich abgeben mit

TEMA 5

EJERCICIOS

1. Sólo uno es correcto

1. Ya estoy harto de este trabajo. Ya es hora de que
  a hagamos las paces.
  b me quite el muerto de encima.
  c pongamos las cartas sobre la mesa.

2. Otra vez se ha emborrachado.
  a Niño que no llora no mama.
  b Quien quita la ocasión quita el peligro.
  c Genio y figura hasta la sepultura.

3. Habíamos gastado todo el dinero cuando llegó el seguro del coche.
  a Eramos pocos y parió la abuela.
  b No hay mal que por bien no venga.
  c Desgraciado en el juego, afortunado en amores.

4. ¿Quieres dejar de fumar? Es fácil, deja de comprar tabaco.
  a Quítate el muerto de encima.
  b No entres ni salgas en este asunto.
  c Quien quita la ocasión quita el peligro.

5. ¿Todavía no te ha devuelto el dinero? Tienes que hablar con él.
  a No hay mal que por bien no venga.
  b Niño que no llora no mama.
  c Quien quita la ocasión quita el peligro.

6. No me pidas que hable con Julio.
  a No entro ni salgo en este asunto.
  b No pongo las cartas sobre la mesa
  c No hace las paces.

Solución: 1. ☐ 2. ☐ 3. ☐ 4. ☐ 5. ☐ 6. ☐

2. Dígalo con otra expresión

1. Evitando ciertas situaciones, no se van a producir problemas.

....

....

2. Hasta las desgracias son pasajeras.

....

....

3. Deshacerse de algo desagradable

....

....

4. Decir la verdad tal como es

....

....

5. Ni aunque lo intente, no cambiará nunca.

....

....

6. No tengo nada que ver ni quiero meterme.

....

....

7. Si ganas en la lotería, seguro que te peleas con tu pareja.

....

....

8. Reconcilirase

....

....

9. Estaba la situación difícil y se complicó todavía más.

....

....

10. Para conseguir algo hay que protestar.

....

....

3. ¿Cómo sigue la frase?

1. No puedo dormir tranquilo pensando en las trampas. Es hora de que
2. Llevan cinco años peleándose y la semana pasada por fin
3. He estado tres semanas enferma, pero he adelgazado cinco kilos,
4. Me robaron el coche con todos los papeles y encima perdí la llave de mi casa, total
5. Si quieres que tu señora te deje libre los jueves tienes que pedírselo,
6. Ayer me dijiste esto y hoy me dices lo otro. Háblame francamente y
7. ¿Te han tocado cuatro millones? Ten cuidado, porque
8. Es que mi madre no me deja ir a esquiar. Dice que
9. ¿Mi opinión me pides? Pues yo,
10. Este lleva treinta años bailando. ¿Cómo va a dejar de bailar?,

a genio y figura hasta la sepultura.
b no entro ni salgo en este asunto.
c quien quita la ocasión, quita el peligro.
d desgraciado en el juego, afortunado en amores.
e pon las cartas sobre la mesa.
f niño que no llora no mama.
g éramos pocos y parió la abuela.
h no hay mal que por bien no venga.
i hicieron las paces.
j me quite el muerto de encima.

Solución: 1. ☐ 2. ☐ 3. ☐ 4. ☐ 5. ☐ 6. ☐ 7. ☐ 8. ☐ 9. ☐ 10. ☐

4. Traduzca

1. Du mußt protestieren, denn das Kind, das nicht schreit, wird auch nicht gestillt.

2. Reden wir doch offen, leg die Karten auf den Tisch.

3. Ich habe drei Millionen in der Lotterie gewonnen, und meine Frau ist mit einem anderen weg: Glück im Spiel, Pech in der Liebe.

4. Dann seh ihn doch einfach nicht mehr. Bist du die Gelegenheit los, dann bist du auch die Gefahr los.

5. Frag mich nicht, ich habe mit der Sache nichts zu tun.

6. Der ist verloren, keiner kann über seinen Schatten springen und sich anders machen, als er ist.

7. Es ist langsam Zeit, daß ich den blöden Kram loswerde.

8. Nach so vielen Jahren haben sie sich endlich wieder ausgesöhnt.

9. Sorg dich nicht, es wird schon wieder besser werden.

10. Zuerst das mit dem Auto, dann das mit Amalia und am Schluß das Krankenhaus. Das ging vom Regen in die Traufe.

TEMA 6

COMER Y BEBER

101 **Ha muerto el padre**

Menos mal que ya ha terminado todo.
Había tanta gente en el entierro que ya no sé quién ha venido y quién no.
Claro, después de dos noches en vela – ¿quién tiene cuerpo para todo este rollo?
Y encima el cura con su sermón tan largo. Al final siempre dicen lo mismo.
Yo no puedo con mi alma, estoy hecho migas.

102 **En la cocina de un restaurante**

Una chuleta con patatas, una merluza y dos platos de migas. Y date prisa que llevan esperando ya media hora.
Espérate que antes tengo que terminar con la cinco.
Pues no sé que te pasa hoy que no adelantas.
Llevo desde las diez de la mañana aquí metida y no he tenido tiempo ni de tomarme un café. Así es que por favor no me pongas más nerviosa de lo que estoy. Estoy hecha migas.

Estoy hecho migas.
Ich bin total groggy.
(zu Brosamen gemacht)

!

103 Una sospecha

Y ahora viene lo peor. Con lo enemigo que soy yo de abogados y papeleo. ¿Cómo vamos a dividir esto? Ni siquiera sé si papá ha dejado un testamento. Cómo no vivo aquí, véte a saber lo que ya han tramado. Y lo que se habrá perdido ya. Por lo pronto el reloj de oro, yo no lo he visto por ningún sitio. Ya me huelo yo la tostada.

104 Dos tostadas con mantequilla

Dos tostadas con mantequilla y dos con leche.
Marchando.
Paco ha llamado diciendo que no puede venir por la tarde.
Pues yo no me quedo. A las cinco me largo.
Pero, ¡cómo me vas a hacer eso! Con la cantidad de turistas que hay ahora. ¡Cómo me vas a dejar solo!
¡Qué culpa tengo yo!
Todo el mundo puede ponerse malo un día.
¿Malo? Me río yo. Eso es que ha venido su novia. Cuando me pidió ayer el coche ya me olí la tostada.

oler la tostada
Schlimmes ahnen
(den – angebrannten – Toast riechen)

¿Por qué me lo preguntas a mí?

A propósito. ¿Qué ha pasado con el reloj de papá?

¿Cuál?

Cuál va a ser. Aquel que tenía tan antiguo ... el de oro del abuelo.

Yo no sé, ¿por qué me lo preguntas a mí?

¿A quién se lo voy a preguntar? Tú eres quien vive aquí.

¿Qué insinúas?

No insinúo nada. Pero el que se pica, ajos come.

Una sopa de ajo

Dos consomés y una sopa de ajo para la ocho. Por el segundo no se han decidido todavía.

¡Pues vaya lío!, ¿no te has podido esperar un minuto? Ahora me traes otro papel de la misma mesa y ya tengo el lío armado.

Si todavía no saben si van a comer más.

Mira yo quiero que me traigas un papel por cada mesa. Y que esté en condiciones si no ...

No te cabrees que tan difícil no es.

Me estás diciendo que soy muy torpe, ¿no?

Si te mosqueas, por algo será. El que se pica, ajos come.

El que se pica, ajos come.
Getroffene Hunde bellen.
(Wer sich entrüstet, wird schon einen Grund dafür haben.)

!

107

Di la verdad

Todavía no me has dicho lo que ha pasado con el reloj.

¿Otra vez con eso? Ya te he dicho que no lo tengo.

No creo que se haya ido volando. En algún sitio tiene que estar. Manolita no lo ha podido coger, porque ella ha llegado conmigo. Además si me da igual. Lo que me jode es que me engañes. ¡Di la verdad y ya está!

¡Vete a freír espárragos!

108

Un revuelto de espárragos

Una ensalada, un paté y un revuelto de espárragos. La ensalada que sea para dos.

¿Pero no sabes que no queda paté?

¿Cómo que no queda paté si ayer había un montón en el frigorífico?

Se ha vendido todo. Te lo he dicho hace un rato pero como no me escuchas.

¡Cállate ya y vete a freír espárragos!

Vete a freír espárragos.

Scher dich zum Teufel!

(Geh Spargel frittieren!)

109 Poner las cosas claras

Mira, aquí lo tengo. Estaba guardado en la caja de sus papeles.
¿Por qué no me lo has dicho antes? Nos hubiéramos ahorrado una bronca.
Pero si acabo de encontrarlo.
Bueno, vamos a dejarlo ahí. ¿Y ahora qué? ¿Quién se queda con él?
Mira, mientras vosotros estábais tan tranquilos soy yo el que ha luchado con él. Vamos a poner las cosas claras: al pan pan y al vino vino.

110 Un bocadillo

Hazme un bocadillo.
Jefe, ahora no puedo entretenerme. Tengo cuatro mesas esperando y usted quiere que me ponga a hacerle un bocadillo. Encima que he tenido que quedarme otro turno, nadie me echa una mano. Y llevo aquí desde las diez de la mañana. ¡No hay derecho! Este trabajo va a acabar conmigo.
Bueno, mujer ya me lo hago yo.
Esta es la última vez. Una también tiene sus derechos.
Claro que sí, pero en el contrato dice que en un caso como éste tienes que sacar a la empresa del apuro. Al pan pan y al vino vino. Vamos a llamar las cosas por su nombre.

Al pan pan y al vino vino.
das Kind beim Namen nennen;
die Dinge mal sagen, wie sie sind

!

111

Tú siempre has mandado aquí

¡Qué bien te ha salido la jugada! Te has salido con la tuya.

¿No, qué quieres? Que te lo dejan todo a tí que te fuiste hace veinte años, y si te he visto no me acuerdo.

El buen hijo eres tú por supuesto.

Pues mira, yo he hecho lo que he podido. No como tú. El pobre de papá siempre estaba preocupado por tí y tú ni le llamabas.

No te pongas dramático ahora. Tú siempre has mandado aquí. Que a tí te ha venido muy bien tener la sartén por el mango.

112

Uno de mango

Dos helados de fresa y uno de mango.

Estuve hablando con el jefe y de verdad que era lo que me faltaba hoy.

¿Qué te ha pasado?

Que le he cantado las cuarenta. Ve que estoy sudando la gota gorda y viene a que le prepare su merienda.

¿Y se la has preparado?

¿Yo?, ni hablar. No le tengo ningún miedo. No me importa que sea él el que tiene la sartén por el mango. Yo no tengo pelos en la lengua.

tener la sartén por el mango
sagen, wo's langgeht
(die Pfanne am Stiel halten)

113 Algo hemos pillado

Manolita, nosotros que nos las prometíamos tan felices, nos ha salido el tiro por la culata. Con el rollo de no partir la hacienda, se lo ha dejado todo a nuestro querido hermano.

Bueno hombre, no te quejes, algo hemos pillado.

Yo el que menos. Como siempre he sido el garbanzo negro …

También te podías haber portado mejor.

114 Dos potajes de garbanzos

Una ensaladilla, dos potajes de garbanzos y unas lentejas.

¡Esto de Paco me da una rabia!

Mujer, tranquilízate, ya vendrá mañana.

Este niño no tiene arreglo. Lo he metido aquí por su madre y el tío no tiene formalidad ninguna.

Es que es muy joven.

En todos los sitios que ha trabajado terminaron echándolo. Dejó los estudios porque no servía y por lo visto tampoco sirve para trabajar. Con lo apañados que son sus hermanos. Pero este es el garbanzo negro de la familia.

el garbanzo negro
(auch: la oveja negra)
das schwarze Schaf
(die schwarze Kichererbse)

115 **Pero me conformo ...**

Yo estoy contenta con la casa que me ha tocado.

Desde luego no te puedes quejar. Esa casa, si la vendes, le puedes sacar quince o veinte kilos.

No tanto.

¡Cómo que no!, si la de Pepe Paco, que es más chica, la han vendido en dieciocho.

Yo me había hecho la idea de que me iba a tocar el chalet de la playa, que como tú sabes vale mucho más. Pero me conformo. A falta de pan, buenas son tortas.

116 **Una torta**

Tres flanes, un melocotón en almíbar y una torta.

Y ve preparando nuestra cena que estos son los últimos. Ya tengo la puerta cerrada.

¿Qué te preparo?

Ponme un plato del conejo ese que tan buena pinta tiene.

¡Ay!, no queda.

Bueno pues ponme pollo mismo. A falta de pan, buenas son tortas.

A falta de pan, buenas son tortas.
In der Not frißt der Teufel Fliegen.
(Gibt's kein Brot, dann tut's auch Ölgebäck.)

!

117 **Te pones a hacer números**

Mientras más vueltas le doy, menos lo entiendo.
¡Que en paz descanse, pero vaya cinismo! Primero dice que quiere a todos los hijos por igual y que ha intentado ser equitativo. Dice que nos ha medido a todos por el mismo rasero. Pero a la hora de la verdad te pones a hacer números y yo soy quien peor ha escapado. Yo no entiendo ni papa.

118 **Unas papas fritas**

Ponme unas papas fritas con pollo.
¿El jefe va a comer con nosotros?
Pero si salió hace ya bastante rato.
Siempre hace lo mismo. Vaya manera de mirar por el negocio. Ve que tenemos la soga al cuello y se quita de en medio. Yo no entiendo ni papa.

!

Yo no entiendo ni papa.
Ich versteh nur Bahnhof.
(Ich versteh nicht mal Kartoffel.)

119 Correr con los gastos

Mira, ¿quién va a pagar al abogado?
¿Qué? Entre los tres evidentemente.
Pues yo no lo veo tan claro. Tú eres quien se ha llevado la mejor tajada. Sería un detalle por tu parte correr con los gastos.
Yo ya he pagado la funeraria de mi bolsillo.
¿Cuánto cobra el abogado?
800 mil por lo menos.
Pues yo me niego. Encima de que me he quedado la peor parte de la herencia, no voy a ser yo quien pague los platos rotos.

120 Un plato

Dame un plato para la ensalada.
¡Cuidado!
¡Crashh!
¡Vaya por Dios!, un plato menos. Me da igual que se rompan todos. Yo no aguanto más.
¿Qué vas a hacer?
Yo no me quedo más tiempo aquí.
¿No me digas que te vas a ir?
Sí, te lo digo. Lo siento por tí pero aquí te quedas con el Paco.
No me hagas eso. Con ese muchacho me tocará a mí pagar los platos rotos.

pagar los platos rotos
die Sache ausbaden
(die kaputten Teller bezahlen)

!

TEMA 6 VOCABULARIO

101 Ha muerto el padre

entierro
Beerdigung
en vela
ohne zu schlafen (bei Kerzen)
no tener cuerpo para todo este rollo
den ganzen Kram nicht aushalten
no puedo con mi alma
ich kann nicht mehr

102 En la cocina de un restaurante

migas
Griesgericht in Andalusien
la cinco
der Tisch mit der Nummer 5
no adelantas
du kommst nicht voran

103 Una sospecha

abogado
Rechtsanwalt
papeleo
Papierkram
véte a saber ‹ ›
weiß der Teufel
tramar
anzetteln
por lo pronto
erstmal, vorerst

104 Dos tostadas con mantequilla

marchando
unterwegs
me largo ‹ ›
ich gehe
cómo me vas a hacer eso
wie kannst du mir das antun
qué culpa tengo yo
was kann ich dafür

105 ¿Por qué me lo preguntas a mí?

insinuar
unterstellen

106 Una sopa de ajo

pues vaya lío
schönes Durcheinander
el lío armado
das totale Durcheinander
en condiciones
so wie es sich gehört
no te cabrees ‹ ›
werd nicht sauer
mosquearse
sich pikieren

107 Di la verdad

lo que me jode ‹ ›
was mir stinkt

108 Un revuelto de espárragos

revuelto de espárragos
Spargel mit Rühreiern

109 Poner las cosas claras

bronca
Zoff
vamos a dejarlo ahí
lassen wir es dabei bewenden
poner las cosas claras
die Dinge klarstellen

110 Un bocadillo

entretenerse
sich ablenken lassen
turno
Schicht
echar una mano
aushelfen, zur Hand gehen

no hay derecho
das darf nicht sein
acabar con alguien
jemand zugrunde richten
sacar del apuro
aus der Patsche helfen

111 Tú siempre has mandado aquí

salirse con la suya
seinen Kopf durchsetzen
y si te he visto no me acuerdo
du hast alles hier vergessen
por supuesto
selbstverständlich

112 Uno de mango

le he cantado las cuarenta
ich habe ihm die Meinung gegeigt, die (40 Spiel-)Karten auf den Tisch gelegt
sudar la gota gorda
sich furchtbar anstrengen
su merienda
seine Vesper
ni hablar
ausgeschlossen
no tengo pelos en la lengua
ich nehme kein Blatt vor den Mund

113 Algo hemos pillado

nos las prometíamos tan felices
wir waren so guter Hoffnung (ordentlich was zu erben)
ha salido el tiro por la culata
der Schuß ging nach hinten los
partir la hacienda
das Landgut aufteilen
algo hemos pillado
etwas haben wir abgekriegt
portarse
sich benehmen

114 Dos potajes de garbanzos

dar (una) rabia
wütend machen
no tiene arreglo
dem ist nicht zu helfen
formalidad
Zuverlässigkeit
terminaron echándolo
sie haben ihn am Ende rausgeworfen
apañado
brauchbar, geschickt

115 Pero me conformo ...

desde luego
selbstverständlich
sacar
herausschlagen

116 Una torta

ve preparando
bereite mittlerweile
conejo
Kaninchen
ponme pollo mismo
gib mir halt Hähnchen

117 Te pones a hacer números

mientras más vueltas le doy
je länger ich darüber nachdenke
que en paz descanse
der in Frieden ruhe
equitativo
gerecht
medir por el mismo rasero
über einen Kamm scheren, gleich behandeln
la hora de la verdad
die Stunde der Wahrheit
hacer números
rechnen

escapar peor
schlecht ausgehen

118 Unas papas fritas

tenemos la soga al cuello
das Wasser steht uns bis zum Hals
quitarse de en medio
abhauen, sich verdrücken

119 Correr con los gastos

entre los tres
zu dritt
tajada
Anteil, Scheibe
detalle
Zeichen
por tu parte
deinerseits
correr con los gastos
die Kosten übernehmen
funeraria
Bestattungsinstitut
me niego
ich mache da nicht mit
herencia
Erbe

120 Un plato

Crashh
Geräusch eines Steinguttellers auf Steinboden
no me hagas esto
tu mir das nicht an

TEMA 6

EJERCICIOS

1. Sólo uno es correcto

1. Estoy hasta la coronilla de tu rollo,
a ten la sartén por el mango.
b vete a freír espárragos.
c paga los platos rotos.

2. Queríamos hacerle una fiesta sorpresa para su aniversario, pero
a el que se pica, ajos come.
b estaba hecho migas.
c se olió la tostada.

3. A ver, explícame como funciona eso, es que
a yo no entiendo ni papa.
b soy el garbanzo negro.
c me voy a freír espárragos.

4. Son idiotas toda la familia. Emilio es el único que me cae bien,
a es el garbanzo negro.
b tiene la sartén por el mango.
c yo no entiendo ni papa.

5. No es así, tienes que plantear las cosas tal como son:
a el que se pica, ajos come.
b al pan pan y al vino vino.
c a falta de pan, buenas son tortas.

6. Fuiste tú quien le quitaste el coche a papá, y él se cabrea conmigo. Siempre tengo que ser yo quien
a no entiende ni papa.
b está hecho migas.
c paga los platos rotos.

Solución: 1. ☐ 2. ☐ 3. ☐ 4. ☐ 5. ☐ 6. ☐

2. Dígalo con otra expresión

1. Si te enfadas, será por algo.

....

....

2. Si no hay del uno, confórmate con el otro.

....

....

3. El dice lo que los demás tienen que hacer.

....

....

4. Yo no me entero de nada.

....

....

5. Es la persona negativa del grupo.

....

....

6. Estoy muy cansado.

....

....

7. Me toca pagar las consecuencias.

....

....

8. Presiento algo desagradable.

....

....

9. Hay que llamar a las cosas por su nombre.

....

....

10. ¡Déjame en paz!

....

....

3. ¿Cómo sigue la frase?

1. Me tiré todo el día trabajando, desde las siete hasta las nueve. Por eso,
2. Cuando vi que había sacado dinero de la cuenta,
3. Se ha mosqueado conmigo, porque le he dicho que para qué quiere ir un fin de semana a Londres. Digo yo que
4. Te preparo una cena deliciosa. Y ahora dices que vas a comer fuera,
5. No es verdad lo que dices. Aclárate, porque
6. No me lo preguntes a mí. Pregúntaselo a Juan, que es quien
7. Todos han dicho que van a venir, menos Angeles. Ella es de verdad
8. ¿No queda vino? Pues dáme una cerveza,
9. No sé para qué llevo dos horas leyendo este libro. Es que
10. Ya te vas y me dejas con todo este lío. Otra vez soy yo quien tiene que

a tiene la sartén por el mango.
b al pan pan y al vino vino.
c me olí la tostada.
d a falta de pan, buenas son tortas.
e pagar los platos rotos.
f yo no entiendo ni papa.
g vete a freír espárragos.
h estoy hecho migas.
i el que se pica, ajos come.
j el garbanzo negro.

Solución: 1. ▢ 2. ▢ 3. ▢ 4. ▢ 5. ▢ 6. ▢ 7. ▢ 8. ▢ 9. ▢ 10. ▢

4. Traduzca

1. Bei uns zu Hause sagt mein Alter, wo es langgeht.

....

....

2. Verwechsel die Dinge nicht, nenn das Kind beim Namen.

....

....

3. Aha, du kommst morgen nicht. Ehemm, ich habe das gleich geahnt.

....

....

4. Es gibt also keinen Whisky, es gibt nur Kognac, nun – in der Not frißt der Teufel Fliegen.

....

....

5. Du bist dran schuld, und ich habe die Suppe auszulöffeln.

....

....

6. Was für eine schwierige Sache, ich versteh nur Bahnhof.

....

....

7. Hör zu, stör mich nicht mehr, und scher dich zum Teufel.

....

....

8. Seit zwölf Stunden bin ich ohne Unterbrechung dran, ich bin groggy.

....

....

9. Ärgere dich nicht, getroffene Hunde bellen.

....

....

10. Er hat keinen Beruf, er hat keine Familie, er hat kein Geld, er ist das schwarze Schaf.

....

....

TEMA

7

VESTIDOS Y TEJIDOS

121 Dos hablando del futuro

Venga Elena, decídete de una vez por todas. Si no te va a faltar de nada.

Ya lo sé, pero tendría que dejar mi trabajo con lo que me costó que me hicieran un contrato.

Pues déjalo y vente a vivir conmigo.

No sé, no es sólo por el trabajo, sino también por mi casa. ¿Qué hago con todos los muebles?

Algunos te los puedes traer y otros se los puedes regalar a algún amigo.

Como se nota que te sobra el dinero a tí. Yo tuve que trabajar un año entero para pagar la cocina y el dormitorio. Y del salón todavía me queda alguna letra.

De aquí en adelante no vas a tener ningún problema más. Vamos a buscar en la guía alguna casa de mudanzas.

Tranquilo, no me corras. Déjame que lo consulte con la almohada.

122 Dos hablando de negocios

¿Te atreves, Oscar?

Dame un par de días que me lo piense. Me da miedo meterme en una cosa tan gorda. Además tengo que consultarlo con Angeles.

Pero no hay tiempo que perder. Esto es pan comido. Ahora es el momento de comprar los terrenos antes de que se recalifique la zona. Y en cuanto a la construcción no hay problemas. Un contratista nos va a hacer lo que digamos.

Pero es que son muchos millones. Con semejante trampa encima no voy a pegar ojo.

No seas tonto. Es un negocio seguro. Y además, somos dos. En cuanto empecemos a hacer contratos de las viviendas ya contamos con dinero para ir pagando las trampas.

Bueno, déjame que me lo piense hasta mañana, lo voy a consultar con la almohada.

consultar con la almohada
eine Nacht darüber schlafen (das Kopfkissen konsultieren)

123

¿Qué hacer con los muebles?

¿Mari Carmen, no te hace falta un sofá casi nuevo?

¿Cuál, el del salón?

Claro, el que tengo.

¿Te vas a comprar otro?

No, me cambio de casa. Me voy a vivir con Alberto.

¿Con ese viejo? Pero si te dobla la edad.

¿Qué demonios importa si nosotros nos queremos?

Y lo vas a dejar todo.

Allí no necesito nada, pero de todas formas algunas cosas me llevo.

¿Y si se cansa de tí, Elena?

¡Qué se va a cansar! Si lo tengo metido en el bolsillo.

La mañana siguiente

¿Entonces qué? ¿Cuento contigo o me busco otro socio?

No te busques a nadie, me apunto.

Bien. Ahora bien, con lo primero que tenemos que contar es con el crédito del banco. Yo había pensado que – como tú eres muy amigo del director de la caja postal – quizás podías ir a verlo.

Ya sabía yo por donde ibas.

Claro, es bueno tener amigos hasta en el infierno.

Pero yo no quiero dar la cara solo. Vendrás conmigo.

Por supuesto. Pero siendo amigo será más fácil meternoslo en el bolsillo.

meterse a alguien en el bolsillo
jemanden restlos überzeugen und für sich gewinnen (in die Tasche stecken)

No voy a seguir trabajando

Bueno, gracias por el sofá y todo lo demás. Si te estorba algo más, no dudes en llamarme.

De acuerdo, Elena. No me olvidaré de tí.

Entonces nos vemos en la oficina el lunes.

Me temo que no, Mari Carmen. No voy a seguir trabajando.

¿Cómo que no vas a trabajar?

Porque de ahora en adelante me voy a encargar de la tienda de antiguedades de Alberto.

¡Qué suerte Elena, poder vivir de gorra así!

Con el director del banco

Trato hecho, y ¿cuándo váis a empezar las obras?

En cuanto dispongamos del dinero.

Yo calculo que no tardará más de tres semanas. Son muchos trámites, comprendéis.

¡Tanto tiempo!

¿Queréis haceros ricos en dos días?

Yo preferiría vivir de gorra, pero ya que tengo que trabajar …

vivir de gorra
auf anderer Leute Kosten leben
(aus dem Hut)

Champán, langostinos, salmón etc.

Vaya cumpleaños el de anoche.
Desde luego Elena tiró la casa por la ventana.
Ella puede.
Yo me puse las botas de champán, de langostinos, de salmón, de pastelillos, de tartas …
Yo no la envidio.
Pues yo sí, Mari Carmen. No está mal ese chalet con piscina y caballos. Y el descapotable, la moto y dos mujeres que te lo hagan todo. Vete a saber adónde van de vacaciones …
Yo con ese viejo no iba ni a la vuelta de la esquina.
Es muy simpático.
Muy simpático será, pero tú te imaginas acostarse con eso todas las noches …

Tomar unas copas para celebrar

Vengo de la agencia inmobiliaria y ya van vendidos catorce pisos.
¿Ya? ¡Qué bien!
Pues sí, ocho de los grandes y seis de los otros.
Como esto siga así, nos van a faltar pisos.
¡No exageres!
Vamos a tomarnos unas copas para celebrarlo.
¿Adónde vamos?
Al Tam Tam.
¿ A ese sitio tan caro?
Sí, hombre, si de ahora en adelante nos vamos a poner las botas con este negocio.

ponerse las botas
sich vollstopfen
(die Stiefel anziehen)

129 **Se fue a vivir con él**

Yo tampoco me lo habría pensado. Si encontrara a alguien que me quitara de trabajar, seguro que haría como Elena.

A mí no me parece bien lo que ha hecho. A las tres semanas de conocerlo se lió la manta a la cabeza y se fue a vivir con él. Yo no quiero ser gafe, pero ya verás como esto no va a durar mucho.

Pues a mí me parece que te da un poco de envidia.

Pues yo … que más vale sola que mal acompañada.

130 **Este terreno es una ganga**

Los terrenos son casi mejores que los que compramos antes.

¿Cuántos chalets se podrían poner allí?

Por lo menos cuarenta.

¿Y de dónde vamos a sacar el dinero?

De tu amigo del banco.

No, hasta que no hayamos pagado el crédito anterior no nos va a dar nada.

Pues buscamos otro banco.

Yo prefiero que terminemos primero lo que tenemos entre manos.

Pero este terreno es una ganga. No podemos desaprovecharla. ¡Venga ya, Cristóbal!, no te lo pienses tanto. Vamos a liarnos la manta a la cabeza.

liarse la manta a la cabeza

alles auf eine Karte setzen, alle Bedenken fallenlassen (sich die Decke um den Kopf binden)

131 Los dos tenemos los mismos gustos

No me he arrepentido ni un día.
No sabes cuánto me alegro.
Si supieras lo que es no tener que levantarte temprano, pensando que llegas tarde a la oficina, no tener que aguantar al jefe, no tener que ir agobiada de dinero a fin del mes, no tener que preocuparte de letras ni de facturas ...
Supongo que lo importante no es sólo el dinero.
No, por Dios, claro que no, eso es lo de menos. Alberto es tan cariñoso, tan atento, tan comprensivo ... además los dos tenemos los mismos gustos, las mismas aficiones, los mismos hobbies. Parece que estemos cortados por el mismo patrón.

132 Es igual, igual

¿Se viene a Londres Angeles?
No quiere.
Amalia, tampoco. Como no habla inglés, no se siente a gusto allí. Yo no lo entiendo. Prefiere quedarse en casa antes de ir a un sitio nuevo.
Amalia es igual, igual. Están las dos cortadas por el mismo patrón.

estar cortados por el mismo patrón
aus gleichem Holz geschnitzt sein
(aus dem gleichen Schnittmuster)

133 Va a ser tu debut

Cariño, Cristina me han enviado una invitación para una cena de gala.
¿Quién es?
¿No te he hablado de ella? Es la condesa de Soria. Hace mucho que la conozco y siempre me invita.
¿Y vas a ir, Berti?
Claro, y tú también. Va a ser tu debut.
Pero allí habrá que ir de tiros largos y no tengo nada para ponerme.
Vaya un problema. Esta tarde llamo a Manuel Piña.
¿A quién?
Un gran modisto …
… ah sí, me suena del Hola.

134 ¿Va a llevar esmoquin?

¿Qué te vas a poner, Angeles?, ¿te has comprado algo nuevo?
Sí, un traje verde que he traído de Barcelona. ¿Y tú?
Yo, el vestido azul que me puse en Noche Vieja.
Y Eliseo, ¿va a llevar esmoquin?
No hay manera. Se pondrá el traje negro de siempre.
Pues Cristóbal se pone lo que yo le digo. Para una vez que vamos de tiros largos …

!

ir de tiros largos
groß ausgehen
(mit Abendkleid)

135 Te veo muy desanimada

Te veo muy desanimada, Elena.
Un poco sí.
¿Por qué?
Al principio era todo como un cuento de hadas, pero últimamente … nuestra relación no va muy bien que digamos.
¿Ya te has cansado?
No, no es eso. Cuando estamos los dos solos, todo es perfecto. Somos tal para cual. Pero él tiene un mundo tan diferente del mío … Yo sé que en aquella fiesta de la condesa metí la pata, pero también sé que ese no es mi ambiente ni quiero que lo sea. Y como no podemos aislarnos y vivir en alguna isla del pacífico los dos sabemos que esto no puede llegar muy lejos.
¿Tan mal estáis?
Sí, esto va de capa caída.

136 Ya no hay dinero

He estado en la agencia inmobiliaria y hay dos familias interesadas. Pero no hay ningún contrato firmado.
¿Nada más? Si ya llevan cuatro semanas con eso. Estos tíos no mueven el culo. Seguro que están con los brazos cruzados.
El verano es mala época. La gente necesita el dinero para irse de vacaciones.
Pues yo creo que ha pasado el boom. Como el país está en crisis, ya no hay dinero …
Lo malo es que los créditos vencen a finales de Agosto y las ventas van de capa caída.

de capa caída
auf dem absteigenden Ast
(wie das – dem Torero – hingefallene Tuch)

137

Haz lo que te dé la gana

¿Qué haces todavía así?, ¿por qué no te has arreglado? Te dije que teníamos que salir a las diez.
Yo no voy.
¿Cómo que no vas?, déjate de tonterías.
Te lo estoy diciendo en serio.
¿Y por qué no vas si se puede preguntar?
Porque yo no pinto nada allí con los cursis de tus amigos. Con esa gentuza que no hace más que reírse de los demás.
Tú no haces nada por adaptarte.
¿Por qué tengo yo que adaptarme y no tú?
Yo también salgo con tus amigos cuando tú quieres.
Pues lo siento de verdad. A mí no me gusta ese mundo y no creo que pueda acostumbrarme nunca.
Haz lo que te dé la gana. Ya me tienes hasta el gorro.

Una vez se gana y otra se pierde

Ya lo decía yo. No nos teníamos que haber metido en esto. Si me hubieras hecho caso …
Los negocios son así: una vez se gana y otra se pierde.
Eso lo dices ahora. Antes decías que era pan comido.
Bueno, no me montes la bronca tú también, que ya tengo bastante con lo que tengo encima.
Y como eres tan fanfarrón has tenido que ir tirando todo el dinero que has pillado.
Por favor,¡cállate ya!, que me tienes hasta el gorro.

hasta el gorro
über die Hutschnur
(bis zum Hut)

¿Te devuelvo el sofá?

¿Sabes de algún piso que alquilen?

¡Qué dices!

Sí, Mari Carmen, me temo que todo ha terminado. Hemos roto y yo tengo que buscarme un sitio para vivir. Estoy en casa de mi madre pero allí no puedo quedarme. ¡Qué ilusa!, yo que pensaba que esto era para toda la vida. Por poco regalo hasta mi ropa interior y ahora resulta que me deja con lo puesto.

Entonces, ¿te devuelvo el sofá?

Voy de cabeza

Angeles, tengo que hablar contigo.

Ya sé lo que me vas a decir.

Voy de cabeza. Eliseo no aparece por ningún sitio desde hace unos días. Y lo peor es que el cabrón no ha firmado los créditos.

¿Y ahora qué vas a hacer?

Yo que sé. Pegarme un tiro. Ahora me tocará a mí hacer frente a todo. Me temo que tendré que vender el chalet.

No puede ser. ¿Pero él dónde está?

Yo que sé. Se ha quitado de en medio y me ha dejado con lo puesto.

dejar con lo puesto
bis aufs Hemd ausziehen

121 Dos hablando del futuro

de una vez por todas
ein für allemal

con lo que me costó
bei der Mühe, die es mich gekostet hat

te sobra el dinero
du hast Geld im Überfluß

me queda alguna letra
ich habe noch ein paar Raten abzuzahlen

de aquí en adelante
von nun an

guía
Telefonbuch

casa de mudanzas
Möbelfirma

no me corras
setz mich nicht so unter Druck

122 Dos hablando de negocios

meterse en una cosa
sich auf eine Sache einlassen

consultar
besprechen

pan comido
todsicher

terreno
Grundstück

recalificar la zona
zu Bauland machen

contratista
Bauunternehmer

con semejante trampa encima
mit solchen Schulden

no pegar ojo
nicht schlafen können, kein Auge zutun

viviendas
Wohnungen

trampas
Schulden

123 ¿Qué hacer con los muebles?

te dobla la edad
er ist doppelt so alt wie du

qué demonios importa ‹ ›
was zum Teufel ist da so wichtig dran

dejarlo todo
alles aufgeben

si se cansa de tí
wenn er genug von dir hat

124 La mañana siguiente

socio
Teilhaber

me apunto
ich bin dabei

caja postal
Postsparkasse

ya sabía yo por donde ibas
ich wußte, worauf du hinaus wolltest

infierno
Hölle

dar la cara
die Sache angehen

125 No voy a seguir trabajando

estorbar
stören

no dudes en llamarme
zögere nicht, mir Bescheid zu sagen

me voy a encargar
ich übernehme

antiguedades
Antiquitäten

126 Con el director del banco

trato hecho
abgemacht, das heißt: Vertrag abgeschlossen

disponer
verfügen
trámite
Geschäftsgang

127 Champán, langostinos, salmón etc.

tirar la casa por la ventana
auf den Putz hauen
salmón
Lachs
chalet
Villa
descapotable
Cabriolet
con ese viejo no iba ni a la vuelta de la esquina
mit dem Alten würd ich nicht mal bis zur nächten Ecke gehen

128 Tomar unas copas para celebrar

agencia inmobiliaria
Makler
de ahora en adelante
von nun an

129 Se fue a vivir con él

gafe
Unglücksbringer
más vale solo que mal acompañado
lieber alleine als in schlechter Gesellschaft

130 Este terreno es una ganga

tener entre manos
Geschäft am Laufen haben
desaprovechar
ungenutzt lassen

131 Los dos tenemos los mismos gustos

arrepentirse
bereuen
agobiado
belastet
aficiones
Neigungen

132 Es igual, igual

prefiere quedarse en casa antes de ir a un sitio nuevo
sie bleibt lieber zu Hause, als daß sie irgendwohin geht, wo sie noch nie war

133 Va a ser tu debut

debut
Debüt, Einführung in die High-Society
modisto
Damenschneider
Hola
spanisches Klatschblatt

134 ¿Va a llevar esmoquin?

esmoquin
Smoking
para una vez que
wenn schon mal

135 Te veo muy desanimada

cuento de hadas
Märchen
que digamos
um es mal so zu nennen
tal para cual
gleich, ähnlich
meter la pata
ins Fettnäpfchen treten

aislarse
sich absondern
no puede llegar muy lejos
das kann nicht mehr lange gehen

136 Ya no hay dinero

no mueven el culo ⟨!⟩
sie bewegen ihren Arsch nicht
están con los brazos cruzados
sie rühren keinen Finger
vencer
ablaufen
a finales de agosto
Ende August

137 Haz lo que te dé la gana

no pinto nada allí
ich habe da nichts zu suchen
cursi
affektiert, geschmacklos, neureich
gentuza
blödes Volk
adaptarse
sich anpassen

138 Una vez se gana y otra se pierde

montar la bronca ⟨ ⟩
Krach anfangen
tener encima
aufgehalst haben
fanfarrón
Angeber
tirar el dinero
das Geld zum Fenster rausschmeißen
pillar
kriegen

139 ¿Te devuelvo el sofá?

hemos roto
wir haben Schluß gemacht
qué ilusa
was bin ich so blöd
por poco regalo hasta
beinahe hätte ich sogar … verschenkt

140 Voy de cabeza

voy de cabeza
ich dreh durch
cabrón ⟨!⟩
Saukerl
pegarse un tiro
sich erschießen
hacer frente a todo
sich allem entgegenstellen
quitarse de en medio
abhauen

1. Sólo uno es correcto

1. No puedo tomar una decisión hoy mismo. Tengo que
   a consultarlo con la almohada.
   b ponerme las botas.
   c meterme a alguien en el bolsillo.

2. Es una ganga. Hay que aprovechar el momento y
   a consultarlo con la almohada.
   b ir de tiros largos.
   c liarse la manta a la cabeza.

3. Paco es igual de malo que José. Los dos
   a están cortados por el mismo patrón.
   b se ponen las botas.
   c van de capa caída.

4. Ayer fui al bingo y por poco
   a voy de tiros largos.
   b me lío la manta a la cabeza.
   c me dejan con lo puesto.

5. El año pasado tuve 53 actuaciones y este sólo 13. Así que el arte
   a va de capa caída.
   b está hasta el gorro.
   c va de tiros largos.

6. Si me hubieran dejado hablar un rato más con el director
   a me pongo las botas.
   b me lo meto en el bolsillo.
   c vivo de gorra.

Solución: 1. ☐ 2. ☐ 3. ☐ 4. ☐ 5. ☐ 6. ☐

2. Dígalo con otra expresión

1. quitarle a uno todo menos la ropa

....

....

2. harto, cansado

....

....

3. empeorando

....

....

4. ir en plan elegante

....

....

5. parecerse mucho

....

....

6. decidirse sin pensar mucho

....

....

7. hartarse de comida y de más cosas

....

....

8. vivir de los demás

....

....

9. ganarse a alguien

....

....

10. pensarlo bien

....

....

3. ¿Cómo sigue la frase?

1. No me atrevo del todo. Deja que me lo piense,
2. Ha sido fácil: La invité a cenar, la llevé a tomar una copa y ya
3. Este tío no trabaja. No sé como se lo monta para
4. Le ha tocado el gordo. Y no veas cómo
5. Mañana será tarde. Ahora te tienes que decidir, así que
6. Son los dos igual de hijoputas,
7. Esa creída ya no sale a cualquier sitio, sólo
8. La capacidad de los autores de este libro va
9. No queremos escribir más ejercicios. Estamos
10. Llevamos trabajando ya tres meses sin cobrar. Como siga así, la editorial nos va a

a están cortados por el mismo patrón.
b líate la manta a la cabeza.
c se pone las botas.
d vivir de gorra.
e me la metí en el bolsillo.
f lo voy a consultar con la almohada.
g dejar con lo puesto.
h hasta el gorro.
i de capa caída.
j va de tiros largos.

Solución: 1. ☐ 2. ☐ 3. ☐ 4. ☐ 5. ☐ 6. ☐ 7. ☐ 8. ☐ 9. ☐ 10. ☐

4. Traduzca

1. Aber das sind doch wirkliche Kriminelle, die sind alle aus dem gleichen Holz geschnitzt.

....

....

2. Mensch, bedenke das nicht zweimal, setze alles auf eine Karte.

....

....

3. Er hat das große Los gezogen und stopft sich jetzt voll.

....

....

4. Er hat keine Lust zu arbeiten, er lebt ganz einfach auf Kosten anderer.

....

....

5. Es hat mich viel Mühe gekostet, am Schluß habe ich sie dann doch abgeschleppt.

....

....

6. Ich weiß nicht, ich kann mich jetzt nicht entscheiden, ich werde eine Nacht darüber schlafen.

....

....

7. Wir wurden in Helsinki ausgeraubt und bis aufs Hemd ausgezogen.

....

....

8. Sei endlich ruhig, ich hab den Kanal voll.

....

....

9. Die klassische Musik befindet sich auf dem absteigenden Ast.

....

....

10. Ich würde gerne auf ein Fest mit Abendrobe gehen, aber da mein Mann nur…

....

....

TEMA 8

ES OTRO CANTAR

Con el terapeuta

¿Cuándo empezaste a beber?
Ya ni me acuerdo.
Haz memoria.
Bueno, yo recuerdo que en el instituto ya bebíamos. Pero no mucho, como todo el mundo, lo normal.
Lo normal, ¿qué es, unas cervecitas?
Sí, y unos cubatillas cuando salíamos por la noche.
Supongo que cada vez era más.
Sí, pero yo no me daba cuenta.
Y poco a poco caíste en la trampa.
Pues sí …

142 **Hablando de la galerista**

¿Cómo la conociste?
Unos amigos me la presentaron. Me prometió el oro y el moro. Y yo – como estaba sin blanca – vi el cielo abierto y me lié la manta a la cabeza. Ella me iba a llevar a Nueva York. Y yo que soy un pintor y no entiendo ni jota de negocios, caí en la trampa.

caer en la trampa
in die Falle gehen, auf den Leim gehen

143 A mí madre no le gustaban

¿Y qué pasó?

Pues nada, que me echaron del instituto.

¿Y entonces?

Bueno, primero me fui unos días con unos tíos míos hasta que a mi padre se le calmaron los ánimos y luego volví a casa.

¿Y seguiste viendo a tus compañeros?

Al principio sí, pero luego nos fuimos alejando. Empecé a salir con otra gente mayor que yo – a mí madre no le gustaban. Decía que: dime con quien andas y te diré quien eres.

144 No tienen escrúpulos

¿Por qué no me has dicho antes que ibas a exponer con esa tía? Yo la conozco. Ya sé de muchos pintores a los que ha hecho la misma jugareta. Hasta uno se pegó un tiro. Siempre hace lo mismo: promete este mundo y el otro, cobra por las inauguraciones y al final no vende nada. Pero la culpa la tenéis vosotros, los pintores que estáis todos cortados por el mismo patrón. Sólo pensáis en haceros famosos. Os juntáis con galeristas que no tienen escrúpulos y os sale el tiro por la culata. Dime con quien andas y de diré quien eres.

Dime con quien andas y te diré quien eres.
Mit wem du gehst, bei dem du stehst.
(Sag mir, mit wem du dich umgibst,
und ich sag dir, wer du bist.)

145

Amenazaba con dejarme

¿Qué vida llevabas entonces?

Me tiraba todo el día en la calle. Sólo iba a mi casa a comer. Y algunas veces ni eso. Los compañeros fumaban mucho ...

¿El qué?

Chocolate ... y a mí me invitaban.

¿Y no trabajabas?

Mi padre quiso meterme en un taller, pero yo pasaba de eso ... rotundamente. Entonces conocí a una chavala – yo estaba loco por ella. Y ella empezaba a comerme el coco. Amenazaba con dejarme. Entonces fue cuando empecé a darle vueltas al asunto y decidí dejar los canutos.

146

No me fío

Mira, tú que conoces a tanta gente, ¿te suena Alfonso de Guzmán?

Claro hombre, es un íntimo amigo mío. El tío es muy buena gente. ¿Quieres que te lo presente?

No, si ya lo conozco. Me ha hecho una oferta interesante, pero ya no me fío después de la última experiencia. En cuatro semanas con la galerista esa no he vendido ni un cuadro.

El otro sí que vende. Yo que tú no le daba vueltas al asunto.

darle vueltas al asunto
sich die Sache durch den Kopf gehen lassen
(die Angelegenheit drehen)

147 Una rayita alguna vez

¿Y además de los canutos has probado algo más?
¿De qué?
Coca por ejemplo.
¿Coca Cola?
Venga que tú me entiendes.
Bueno, una rayita alguna vez ...
¿Caballo?
¡Qué va, tío! Eso no lo probaré nunca.
Hombre, no digas nunca de esta agua no beberé.

148 No pinto más

Tengo una depre encima.
Otra vez, ¿y eso por qué?
Estoy pasando una mala racha. No me sale nada derecho. No sirve lo que hago. Me voy a meter en otra cosa. Sí, ¡hoy mismo lo voy a dejar para siempre!
Pero si pintar es lo único que sabes hacer. ¿En qué te vas a meter?
Algo encontraré. Pero pintar – no pinto más.
No digas nunca de esta agua no beberé.

No digas nunca de esta agua no beberé.
Sag niemals «nie».
(Sag nie, von diesem Wasser würdest du nicht trinken.)

Un cafecito

149 ¿Te gustaría beber algo?
Un cubatita.
Ja ja, te puedo ofrecer un zumo, un refresco, un té …
Hombre, un cafecito me vendría de perlas.

Si me compraran …

150 Ayer se presentó una pareja en el estudio. Venían recomendados por Juanito. Estuvieron mirándolo todo con mucho detenimiento. Parece que entienden bastante. No decían tonterías como lo hacen los nuevos ricos y además tienen pinta de tener bastante pasta. Les gustó mucho un trabajo que hice hace años. Para mí es el mejor que he hecho en mi vida. Y hasta ahora nadie había sabido apreciarlo. Y a él le gustó particularmente un bodegón que tengo. Si me compraran los dos serían seiscientas cincuenta mil pelas que me vendrían de perlas.

venir de perlas
gelegen kommen
(wie Perlen)

151 ¿Cuánto tiempo tardaré?

El café es otra cosa que tendrías que controlar.
¿Por qué?
Porque es así, porque te perjudica, te pone nervioso y eso es lo último que tú necesitas ahora.
Si sólo me tomo uno para desayunar y otro por la tarde.
Sí es así, no pasa nada.
¿Cuánto tiempo tardaré en quitarme del alcohol?
Bueno, eso depende de tu fuerza de voluntad.
Ufffff, entonces tiene que llover mucho.

152 Tan fácil no es

¿Te ha devuelto el dinero ya?
Ya sabes como son los pintores. Tan fácil no es. Estuve hablando con él. Parece que va a vender dos cuadros.
No esperes que te pague tan pronto. También le debe a Paquita. Lleva un año sin pagar el alquiler del estudio y con el banco también tiene una trampa gorda.
Sí, pero a mí me ha dicho que en cuanto cobre esos dos cuadros, me lo devuelve todo.
Tiene que llover mucho hasta que éste se quite todas las trampas de encima.

Tiene que llover mucho.
Es muß noch viel Wasser den Rhein runterfließen.
(Es muß noch viel regnen.)

153 Es una tentación

Lo más duro es salir. Cuando todo el mundo está tomando copas entonces es cuando a uno se le ponen los dientes largos.
Es cuestión de ir a otro sitio.
¿Adónde voy a ir? Así de fácil no es. Tengo que ir adonde están los colegas.
Acostúmbrate a tomar cerveza sin alcohol.
Ya lo hago, pero está malísima. Y además es una tentación.
¿A qué te refieres?
A que están los colegas ahí y tú lo tienes todo a tu alcance.
Sí, pero el que algo quiere algo le cuesta.

154 Eso requiere mucho sacrificio

El mes que viene voy a San Sebastián.
¿A qué?
Pues resulta que coincidiendo con el festival de cine están organizando un concurso a nivel internacional.
¿Y te vas a presentar?
Ya me he inscrito. Iré para entregar las obras.
¿Ya las tienes hechas?
Piden cinco trabajos y ya tengo hecho uno.
No te queda mucho tiempo. Tendrás que darte prisa.
No te creas que es tan fácil, la inspiración no viene de buenas a primeras. Esto requiere mucho sacrificio. Hay noches que me las paso en blanco.
No te quejes que el que algo quiere, algo le cuesta.

El que algo quiere algo le cuesta.
Wer ernsthaft will, der leistet viel.

155 Estuve casi un mes

¿Has intentado dejarlo antes?
Sí, dos veces.
¿Te ayudaba alguien?
No, yo solo. La primera vez sólo fui capaz de estar sin beber tres días.
¿Y la segunda?
La segunda vez estuve casi un mes.
¿Y qué pasó?
El primer cubata que me tomé me sentó como un tiro. Pero el segundo me sentó estupendamente.

156 No veas como me ha sentado a mí

He venido por el dinero.
Hola, sabes lo que pasó …
¡No me digas que no lo tienes!
Mira, ha venido esta gente diciendo que les gustan mis obras pero que ahora mismo no pueden porque van a hacer un viaje a Lanzarote donde tienen que asistir a la inauguración de un pintor americano o francés qué sé yo, y están pensando en montar una galería allí, pero que eso depende …
Así que ahora no me vas a pagar …
Sí que te voy a pagar, pero lo que pasa es que como esta gente no va a volver hasta el día 18, no puedo disponer de él, pero la cosa está segurísima. Yo pienso que para el día 20 por ahí que …
En resumidas cuentas, que no me pagas.
Lo siento, a mí me sentó como un tiro cuando dijeron que todavía no lo compraban.
Pues no veas como me ha sentado a mí …

sentar como un tiro
schlecht bekommen
(wie ein Schuß)

157

No entendían

¿Qué te hizo volver a beber?

Me había peleado con mi novia y estaba hecho polvo. Tuve una bronca con mi padre y me dijo que él no alimentaba a vagos, que me buscara la vida. Así que me fui a casa de unos amigos …

¿Y no te ayudaron?

Sí, más o menos. Pero no entendían que yo no quisiera beber nada, se reían …

Ten en cuenta que el que ríe último, ríe mejor.

158

Así que no te gusta

¿Qué te parece ese cuadro?

Bueno, francamente, yo creo que estos pintores no tienen idea de lo que hacen.

Así que no te gusta.

Hombre, yo … no sé … me parece una pasada presentar esto a un concurso tan importante. Esto lo puede pintar hasta mi hijo que tiene ocho años. Jaja, mira esa mancha ahí, no te parece ridículo. Y dirán que eso es arte jaja. Mejor para mí, más posibilidades tengo de ganar yo.

Ah, ¿es que te presentas también al concurso?

¿Cómo también?

Para tu gobierno que sepas que el pintor soy yo. Pero no te preocupes, el que ríe último, ríe mejor.

El que ríe último, ríe mejor.
Wer zuletzt lacht, lacht am besten.

!

159

Es un gran paso

Esta vez va a ser diferente, ya lo verás. Es un gran paso el de buscar a alguien especializado que te eche una mano. Yo estaré aquí en todo momento que me necesites. Quiero ser un amigo más que un médico, y además como ya lo intentaste dos veces con bastante éxito, a la tercera va la vencida.

160

Me han dado el segundo

¿Cuándo has vuelto de San Sebastián?
Esta noche.
¿Y cómo te ha ido?
¿Es que no ha salido nada en el periódico?
En El País no.
Pues me han dado el segundo.
Enhorabuena.
Era hora ya, que las dos últimas veces no pillé nada.
Hombre, a la tercera va la vencida.

!

A la tercera va la vencida.
Beim dritten Mal muß es gelingen;
aller guten Dinge sind drei.

cuesta:
7.500.000
AGUA

141 Con el terapeuta

haz memoria
erinnere dich
cubatillas
Cubalibres

142 Hablando de la galerista

el oro y el moro
das Blaue vom Himmel
sin blanca
ohne Geld
vi el cielo abierto
ich hatte Hoffnung

143 A mí madre no le gustaban

echar del instituto
von der Schule werfen
se le calmaron los ánimos
er beruhigte sich
nos fuimos alejando
wir haben uns auseinandergelebt

144 No tienen escrúpulos

exponer
ausstellen
jugareta
böser Streich
prometer este mundo y el otro
das Paradies auf Erden versprechen
cobrar
kassieren
cortados por el mismo patrón
aus gleichem Holz geschnitzt
os juntáis con
ihr tut euch zusammen mit

145 Amenazaba con dejarme

tirarse
verbringen
¿el qué?
was?
chocolate ‹ ›
Haschisch, Shit
pasaba de eso rotundamente ‹ ›
da hatte ich Null Bock drauf
chavala ‹ ›
Frau
comer el coco ‹ ›
beackern mit guten Vorschlägen
amenazar
drohen
canutos
Joints

146 No me fío

te suena
kommt dir der Name/das bekannt vor
es muy buena gente
er ist sehr sympathisch

147 Una rayita alguna vez

coca
Kokain
rayita
Streifchen Koks
caballo
Heroin

148 No pinto más

tengo una depre encima
ich bin am Boden zerstört
mala racha
eine schlechte Phase
no me sale nada derecho
mir gelingt aber auch gar nichts

150 Si me compraran ...

estudio
Atelier
con mucho detenimiento
sehr ausführlich

tener pinta de
nach … aussehen
bodegón
Stilleben

151 ¿Cuánto tiempo tardaré?

perjudicar
schaden
quitarse de
lassen, aufhören mit

152 Tan fácil no es

trampa gorda
dicke Schulden

153 Es una tentación

tomar copas
(Alkohol) trinken
ponérsele a uno los dientes largos
Stielaugen kriegen
colega < >
Freak aus der Scene
acostúmbrate
gewöhn dir an
tentación
Versuchung
a tu alcance
in Reichweite

154 Eso requiere mucho sacrificio

coincidiendo
zusammenfallen mit
concurso a nivel internacional
internationaler Wettbewerb
de buenas a primeras
plötzlich
requiere mucho sacrificio
das erfordert viel Aufopferung
en blanco
ohne zu schlafen

155 Estuve casi un mes

sentar
bekommen

156 No veas como me ha sentado a mí

en resumidas cuentas
kurz gesagt
no veas como me ha sentado a mí
reden wir lieber nicht davon, wie mir das bekommen ist

157 No entendían

estar hecho polvo
geplättet, total fertig sein
alimentar a vagos
Faulpelze ernähren
buscarse la vida
sich sein Auskommen suchen

158 Así que no te gusta

presentarse a un concurso
an einem Wettbewerb teilnehmen

159 Es un gran paso

yo estaré aquí en todo momento que me necesites
ich bin immer für dich da

160 Me han dado el segundo

¿y cómo te ha ido?
wie ist es dir ergangen?
salir en el periódico
in der Zeitung stehen
el segundo
der zweite Preis
enhorabuena
Glückwunsch
pillar
einsacken

1. Sólo uno es correcto

1. Estos tres millones que me han llegado ahora, me
a vienen de perlas.
b sientan como un tiro.
c caen en la trampa.

2. ¿Te vas a quitar de la coca? Hombre,
a el que ríe último, ríe mejor.
b dime con quien andas y te diré quien eres.
c no digas nunca de esta agua no beberé.

3. ¿Con esa gentuza vas a montar un negocio?, pues
a tiene que llover mucho.
b dime con quien andas y te diré quien eres.
c a la tercera va la vencida.

4. No seas tan impaciente que todavía,
a tiene que llover mucho.
b caes en la trampa.
c viene de perlas.

5. Ahora trabaja por la mañana y estudia por la noche,
a el que ríe último, ríe mejor.
b el que algo quiere, algo le cuesta.
c a la tercera va la vencida.

6. Ha fracasado ya dos veces. Pero no deja de presentarse a las elecciones,
a a la tercera va la vencida.
b le da vueltas al asunto.
c cae en la trampa.

Solución: 1. ☐ 2. ☐ 3. ☐ 4. ☐ 5. ☐ 6. ☐

2. Dígalo con otra expresión

1. llegar en momento oportuno

....

....

2. Tiene que pasar mucho tiempo.

....

....

3. Uno tiene que esforzarse para conseguir algo.

....

....

4. caer algo mal

....

....

5. tropezar con un engaño o vicio

....

....

6. al tercer intento se puede tener éxito

....

....

7. Espera, que la situación puede cambiar favoreciendo a quien menos se lo espera.

....

....

8. No te propongas algo que luego no puedes cumplir.

....

....

9. pensarlo mucho

....

....

10. Viendo tus amistades sabemos como eres tú.

....

....

3. ¿Cómo sigue la frase?

1. Le prometí un papel en una película de Holivud. Y claro, la pobre
2. Ten cuidado con esos chorizos, no te olvides que:
3. No cuentes con Jaime. El tío nunca se puede decidir y siempre
4. ¿Que no vas a volver con ella? Pues:
5. La visita de ellos me ayudó mucho y en ese momento me
6. Yo tengo muchas ganas de ir a Nueva York. Pero hasta que me pueda comprar el pasaje
7. Yo me comería una tarta entera. Pero como estoy a régimen no puedo. Pues
8. La noticia de mi traslado forzoso a Guajar Faragüit
9. Cállate y espera hasta que sepamos más. Ten en cuenta que
10. No te ha ido bien ni en Santander, ni en la Coruña. Prueba en Badajoz, porque

a tiene que llover mucho.
b no digas nunca de esta agua no beberé.
c dime con quien andas y te diré quien eres.
d cayó en la trampa.
e le da vueltas al asunto.
f vino de perlas.
g el que algo quiere, algo le cuesta.
h a la tercera va la vencida.
i el que ríe último, ríe mejor.
j me sentó como un tiro.

Solución: 1. ▢ 2. ▢ 3. ▢ 4. ▢ 5. ▢ 6. ▢ 7. ▢ 8. ▢ 9. ▢ 10. ▢

4. Traduzca

1. Nichts ist entschieden, noch muß viel Wasser den Rhein runterfließen.

....

....

2. Du sagst, du willst nie aufhören zu rauchen. Sag niemals «nie».

....

....

3. Mit dieser Frau gehst du? Sag mir, mit wem du gehst, und ich sage dir, wer du bist.

....

....

4. Es tut mir leid, aber du bist in die Falle getappt.

....

5. Dreh und wende die Sache nicht mehr lang, komm mit mir.

....

....

6. Dieser Brief kam mir wie gelegen.

....

7. Nun, sechs Jahre Studium, wer etwas erreichen will, der muß sich anstrengen.

....

....

8. Du hast es schon zweimal versucht, gut – beim dritten Mal klappt es bestimmt.

....

....

9. Schau, warte noch zwei Wochen, wer zuletzt lacht, lacht am besten.

....

....

10. Die Nachricht von ihrem Tod traf mich wie ein Schlag.

....

....

Die folgende Liste ist alphabetisch nach Stichwörtern geordnet und enthält häufig gebrauchte idiomatische Wendungen und feststehende Sprichwörter. Meist ist das Stichwort das erste Hauptwort, das in dem jeweiligen Ausdruck vorkommt (z.B. **ida** – ida y vuelta). Manchmal verfügen die Ausdrücke aber nicht über Hauptwörter. In diesen Fällen wird das Verb als Stichwort aufgeführt (**faltar** – no faltaba más). Es gibt außerdem Ausdrücke, in denen weder Hauptwörter noch Verben vorkommen. Sie sind unter dem wichtig erscheinenden Wort aufgeführt (**poco** – por poco; **larga** – a la larga). Manche Konstruktionen, die nicht in den Texten vorkommen, sind nicht sofort zu durchschauen. Wir haben sie deshalb in Beispielsätze gepackt (Pepa se las sabe todas).

Die Sonderzeichen bedeuten:
⟨★⟩ feste Wendung, die nicht konjugiert wird
⟨ ⟩ stark umgangssprachlich, familiär
⟨!⟩ vulgärsprachlich

Die Ziffer am Ende der Übersetzung (1-160) verweist auf die Nummer der Szene, in der der jeweilige Ausdruck vorkommt.

abasto
No doy abasto. *Ich habe alle Hände voll zu tun.*

abrigo
una chaqueta de mucho/poco abrigo *ein warmes/leichtes Jacket*

abril
En abril aguas mil. ⟨★⟩ *Im April regnet's viel.*
tener 15 abriles *15 Lenze zählen, Jahre alt sein*

abrirse
¿Nos abrimos? ⟨ ⟩ *Sollen wir abhauen?*

abuela
Eramos pocos y parió la abuela ⟨★⟩ *Wir kamen vom Regen in die Traufe. (Wir waren wenige, das heißt schon viele Köpfe unter einem Dach, und da hat die Oma zu allem Übel noch ein Kind gekriegt.)* **87/88**

abultar
Ese paquete abulta mucho. *Dieses Paket ist sehr sperrig/nimmt viel Raum ein.*

abundar
En agosto abundan las manzanas. *Im August gibt es viele Äpfel.*

acabar
Quien mal anda mal acaba. ⟨★⟩ *Geht's heute schlecht, so nimmt es morgen ein böses Ende.*
Vas a acabar conmigo. *Du machst mich fertig.*
acabar con alguien *jemanden zugrunde richten*
Pepito acaba con la paciencia de cualquiera. *Pepito bringt jeden dazu, die Geduld zu verlieren.* **17**
Acabo de ver a Luis. *Eben habe ich Luis gesehen.*
José acabará por volverse loco. *José wird am Ende noch durchdrehen.* **110**

acaso
por si acaso *für alle Fälle, vorsichtshalber*

acera
Juanito es de la acera de enfrente. *Juanito ist vom anderen Ufer. (schwul)*

acto
en el acto *auf der Stelle, augenblicklich*

acuerdo
¿Habéis llegado a un acuerdo? *Seid ihr zu einer Übereinkunft gekommen?*
Nunca nos ponemos de acuerdo. *Wir werden uns nie einig.*
de común acuerdo *einmütig* **8/84**

agosto
Pepa hace su agosto. *Pepa bringt ihr Schäfchen ins Trockene, macht ihr Geschäft.* **31/32**

agua
Agua pasada no mueve molino. ⟨★⟩ *Verflossenes Wasser rührt keine Mühle, das heißt, die Hilfe kommt zu spät, oder die Gelegenheit ist verpaßt.*
cambiarle el agua al canario ⟨!⟩ *pinkeln gehen*
No digas de esta agua no beberé. ⟨★⟩ *Sag niemals «nie».*
47/148

agüero
de mal agüero *von schlechter Vorbedeutung, ein schlechtes Omen*

ahora
de ahora en adelante *von jetzt an* **128**

aires
Pili se da aires de estrella. *Pili hat Starallüren.*

ajos
meterse en el ajo *sich ins Geschehen werfen*
Quien se pica, ajos come. ⟨★⟩ *Getroffene Hunde bellen.*
105/106

ala
Antonio está tocado del ala. *Antonio ist verrückt.*

alcance
a tu alcance *in Reichweite, greifbar* **153**

algo
por algo será *irgendeinen Grund wird das haben*

alma
No puedo con mi alma. *Ich kann nicht mehr.* **101**

almohada

Esto lo tengo que consultar con la almohada. *Da muß ich eine Nacht drüber schlafen.* **121/122**

alta

Te ha dado de alta el médico? *Hat dich der Arzt gesund geschrieben?*
Has dado de alta el coche en el seguro? *Hast du das Auto bei der Versicherung angemeldet?*
Hoy me han dado de alta en el hospital. *Heute bin ich aus dem Krankenhaus entlassen worden.*

amapola

Manuel se pone como una amapola cuando ve a Sara. *Manuel wird klatschrot, sobald er Sara sieht.*

amor

con mil amores *von Herzen gern*

anchas

En el chalet de la playa está a sus anchas. *Im Strandhaus hat er es richtig bequem.*

andar

Dime con quien andas y te diré quien eres. ⟨★⟩ *Mit wem du gehst, bei dem du stehst.* **143/144**

andarse

Todo se andará. ⟨★⟩ *Es wird schon alles klappen.*

anillo

como anillo al dedo *wie angegossen, wie gerufen*

antena

José Manuel está con la antena puesta. *José Manuel will alles mitkriegen.*

A

anzuelo
No creas que me voy tragar el anzuelo. *Glaub nicht, daß ich (dir) auf den Leim gehe (den Angelhaken schlucke).*

año
Año de nieves, año de bienes. ⟨★⟩ *Wenn's schneit, dann gibt's auch eine gute Ernte.*
El padre de Julia está entrado en años ya. *Julias Vater ist nicht mehr der Jüngste.*
No hay mal que cien años dure ⟨★⟩ *Die Zeit heilt alles Leid.* **27/28**

apagar
Apaga y vámonos. ⟨★⟩ *Jetzt langt es aber.* **44**

apañarse
Apáñate con ese azúcar, no hay más. *Du mußt mit dem Zucker klarkommen, mehr ist nicht da.*
apañado *brauchbar, geschickt* **114**

apetito
Con esos olores se me abre el apetito. *Bei diesem Duft krieg ich Hunger.*

apuro
sacar del apuro *aus der Patsche helfen* **110**

aquí
de aquí en adelante *von jetzt an* **121**

árbol
Quien a buen árbol se arrima, buena sombra le cobija. ⟨★⟩ *Hohe Bäume werfen lange Schatten. (d.h. einflußreiche Freunde bringen Vorteil)*

aro
Fulanito no querrá hacerlo, pero tiene que entrar por el aro. *Fulanito wird das nicht tun wollen, er muß da aber durch.*

arreglar
1. *aufräumen* **12**
2. *in Ordnung bringen* **91**
3. *reparieren* **30/32/36**
arreglarse *sich zurechtmachen* **25/137**
arreglárselas *etwas hinkriegen* **57/58/76**
¿Cómo te las arreglaste para venir? *Wie hast du es fertig gebracht, zu kommen?*
arregladito *zurecht gemacht, herausgeputzt* **70**

arreglo
No tiene arreglo. *(Sache:) Das ist nicht in Ordnung zu bringen. (Person:) Dem ist nicht zu helfen.* **114**

ascuas
estar sobre ascuas *auf heißen Kohlen sitzen* **35**

asunto
Yo no entro ni salgo en ese asunto. *Ich habe mit der Sache nichts zu tun.* **97/98**

ausencia
En el acto el alcalde brilló por su ausencia. *Bei dem Festakt hat der Bürgermeister durch Abwesenheit geglänzt.*

aviado
estar aviado *in der Patsche sitzen*

azotea
Ana está mal de la azotea. ‹› *Ana ist nicht mehr klar im Dachstübchen.*

babias
Alfonso no se entera de nada, siempre está en babias. *Alfonso kriegt nichts mit, ist immer geistesabwesend.*

bacalao
En casa es mi mujer quien corta el bacalao. *Bei uns zu Hause sagt meine Frau, wo es langgeht.* **15**

bailar
otro que bien baila *noch so einer von der Sorte* **74**

baja
¿Te ha dado de baja el médico? *Hat dich der Arzt krank geschrieben?*
¿Has dado de baja el coche en el seguro? *Hast du das Auto bei der Versicherung abgemeldet?*

balde
de balde *gratis*
en balde *vergeblich* **34**

banda
Se cerró en banda y no sirvió de nada discutir. *Er hat sich auf stur gestellt, und es hatte keinen Zweck mehr, weiter zu diskutieren.*

barriga
rascarse la barriga *Däumchen drehen (sich den Bauch kratzen)*

barrio
pasar al otro barrio *sterben*

bartola
tumbarse a la bartola *sich auf die faule Haut legen*

bártulos
Conrado lió los bártulos y se fue. *Conrad packte seine Siebensachen und ging.*

bastidores
entre bastidores *hinter den Kulissen*

batuta
llevar la batuta *den Taktstock führen; sagen, wo es langgeht* **91**

bebida
tener mala bebida *Alkohol nicht vertragen und aggressiv werden* **80**

berenjenal
meterse en un berenjenal *sich in die Brennessel (Auberginenfeld) setzen*

blanca
sin blanca *ohne eine müde Mark* **15/142**

blanco
dar en el blanco *ins Schwarze treffen*
Se me quedó la mente en blanco y no fui capaz de contestar nada. *Ich hatte ein Blackout und konnte keine Frage beantworten.*
pasar la noche en blanco *die Nacht nicht schlafen* **154**

bledo
no importar un bledo *piepegal sein* **14**

boca
a pedir de boca *nach Herzenslust* **38/76**
Cállate o te parto la boca. ‹› *Sei ruhig oder du kriegst eine auf die Schnauze.*
Empecé a contarle una historia y se quedó con la boca abierta. *Ich fing an, eine Geschichte zu erzählen, und er*

B

bekam vor Staunen den Mund nicht mehr zu.
En boca cerrada no entran moscas ⟨★⟩ *Reden ist Silber, Schweigen ist Gold.* **1/2**
no abrir la boca *kein Wörtchen sagen, den Mund halten*
Pórtate bien que no quiero que andes de boca en boca. *Benimm dich, ich möchte nicht, daß die Leute über dich reden.*
Se me hace la boca agua viendo ese pastel. *Mir läuft das Wasser im Mund zusammen, wenn ich dies Törtchen sehe.*
Sin decir esta boca es mía. ⟨★⟩ *Ich sag dazu gar nichts.*

bocajarro
a bocajarro *urplötzlich, aus heiterem Himmel*

bola
tragarse la bola *etwas kritiklos glauben*

bolsillo
meterse a alguien en el bolsillo *jemand restlos überzeugen und für sich gewinnen (sich in die Tasche stecken)* **123/124**

bomba
caer como una bomba *wie eine Bombe einschlagen*
Lo hemos pasado bomba. ⟨ ⟩ *Wir haben eine sagenhafte Zeit gehabt.* **76**

borda
tirar por la borda *über Bord werfen*

botas
ponerse las botas *sich ordentlich vollstopfen* **127/128**

bote
de bote en bote *proppevoll*
tener en el bote *jemanden im Säckel haben (ihn so weit haben, daß er macht, was man will)*

brazo
abrir los brazos *herzlich empfangen*
estar con los brazos cruzados *nichts tun (die Arme verschränkt haben)* **136**
no dar el brazo a torcer *nicht klein beigeben* **89**

brindarse
No te eches atrás ahora, tú te brindaste para ayudarme. *Mach jetzt keinen Rückzieher, du hast doch angeboten, mir zu helfen.*

bronca
Este tío se toma unas copas y siempre arma la bronca. *Der Kerl trinkt und fängt dann immer Streit an.* **109/138**

buenas
de buenas a primera *urplötzlich* **154**
por las buenas *mit gutem Willen*
por las buenas o por las malas *auf alle Fälle, so oder so, wohl oder übel*

bulto
escurrir del bulto *sich drücken (der Gestalt ausweichen: wenn der kampfunwillige Stier dem Torero aus dem Weg geht)*

bulla
armar bulla ‹ › *Krach schlagen*

burro
no ver tres en un burro *gar nichts sehen*

C

cabales
no estar en sus cabales *nicht ganz bei Trost sein*

caballero
Poderoso caballero es don dinero. ⟨★⟩ *Geld regiert die Welt.*

caballo
A caballo regalado no hay que mirarle el dentado. ⟨★⟩ *Einem geschenkten Gaul schaut man nicht ins Maul.* **59/60**

cabeza
agachar la cabeza *zustimmen* **77**
calentarse la cabeza *angestrengt nachdenken, sich den Kopf zerbrechen*
ir de cabeza *verrückt werden, nicht mehr klarkommen, überfordert sein* **25/49/140**
no me cabe en la cabeza *das geht mir nicht in den Kopf*
subírsele a la cabeza *zu Kopf steigen*

cabo
llevar a cabo *ausführen, beenden*
al cabo de un rato *kurz danach*
de cabo a rabo *von A bis Z* **42**

cabra
como una cabra ⟨ ⟩ *verrückt* **41/42**

caer
Gustavo me cae muy bien. *Gustav ist mir sehr sympathisch.*
caer mal *nicht liegen, unsympathisch sein* **67**
Ahora mismo no caigo. *Im Moment begreife ich das nicht.* **23**

calabazas
Héctor se quería casar con Elisa, pero ella le dió calabazas. *Héctor wollte Elisa heiraten, sie hat ihm aber einen Korb gegeben.*

calle
El examen de inglés me trae por la calle de la amargura. *Die Englisch-Prüfung macht mir das Leben schwer.*
Mi nuera ya lleva cinco días ocupando toda la casa. De la calle vendrá quien de tu casa te echará. ⟨★⟩

Meine Schwiegertochter macht sich schon seit fünf Tagen im ganzen Haus breit. Von draußen kommt, wer dich aus deinem eigenen Haus rauswerfen wird.

callejón
un callejón sin salida *eine Einbahnstraße, ausweglos*

camarón
Camarón que se duermes se lo lleva la corriente. ‹★› *Wer schläft, fängt keine Fische.*

camino
Si quieres te llevo el paquete porque tu casa me coge/pilla de camino. *Wenn du willst, bring ich dir das Paket, das liegt eh auf meinem Weg.*

camisa
Te metiste en camisa de once varas. *Du hast dich übernommen, auf ein heikles Geschäft eingelassen.*

cana
echar una cana al aire *sich einen vergnügten Tag machen*

cantar
Le he cantado las cuarenta. *Ich habe ihm ordentlich die Meinung gegeigt.* **112**
Es otro cantar. *Das ist etwas anderes, das steht auf einem anderen Blatt.*

cántaros
llover a cántaros *aus Kübeln gießen*

canutas
pasarlas canutas ‹ › *eine coole Zeit haben* **27**

caña
dar caña *vertrimmen*

capa
ir de capa caída *sich auf dem absteigenden Ast befinden* **135/136**
Una buena capa todo lo tapa. ⟨★⟩ *Ein rechtes Tuch verbirgt den Ruch. (Das bedeutet: Es ist gleich, was du unter einem ordentlichen Mantel trägst.) Auch: Kleider machen Leute.*

capirote
tonto de capirote *fürchterlich dumm sein*

capital
gastar un capital *ein Vermögen ausgeben*

cara
cara a cara *von Angesicht zu Angesicht*
dar la cara *eine Sache anpacken, die Stirn bieten* **124**
echarle cara *sich entgegensetzen, in Angriff nehmen* **19**
tener (mucha) cara *unverschämt sein* **5/28**
no saber donde uno tiene la cara *von allen guten Geistern verlassen sein* **5**
partirle la cara a alguien *jemanden verprügeln*
partirse la cara por algo/alguien *alles nur Denkbare tun, um etwas zu erreichen*
poner buena cara *gute Miene machen*
poner una cara *ein Gesicht ziehen* **15**
tener o poner mala cara *sauer sein*
un cara dura *ein Frechdachs*

carga
echarse una carga encima *eine Last auf sich nehmen*

cargarse
cargarse *fertigmachen*

carne
Uyy, se me pone la carne de gallina. *Uyy, ich kriege eine Gänsehaut.* **49/50**

carrera
hacer la carrera *auf den Strich gehen*

carro
bajarse del carro *1. beigeben (in einer Diskussion) 2. auf den Teppich kommen*

carta
poner las cartas boca arriba *offen zueinander sein*
poner las cartas sobre la mesa *die Karten auf den Tisch legen* **91/92**
Uno no sabe a que carta quedarse contigo. *Bei dir weiß keiner, woran er ist.*

casa
Cada uno en su casa y Dios en la de todos. ⟨★⟩ *Jeder für sich, Gott für uns alle.*
En casa del herrero cuchillo de palo. ⟨★⟩ *Der Schuster trägt immer die schlechtesten Stiefel.*
tirar la casa por la ventana *sich in fürchterliche Unkosten stürzen; auf den Putz hauen* **127**

casillas
sacar de las casillas *aus dem Häuschen bringen, erregen*

caso
hacer caso a *auf jemanden hören* **15/20/39/89**
hacer caso omiso a *nicht auf jemanden hören*
en el peor de los casos *schlimmstenfalls*
poner por caso *annehmen*
venir al caso *zur Sache kommen*

castañas
Tú siempre te metes en líos y yo tengo que sacarte las castañas del fuego. *Du läßt dich immer auf solche Geschichten ein, und ich muß dann für dich die Kohlen aus dem Feuer holen.*

C

castaño
pasar de castaño oscuro *entschieden zu weit gehen*

castillos
hacer castillos en el aire *Luftschlösser bauen*

ceja
entre ceja y ceja *dickköpfig*

cencerro
como un cencerro *total verrückt (wie eine Narrenschelle)*

cero
¿Para qué me pides mi opinión? Si yo aquí soy un cero a la izquierda. *Was fragst du mich nach meiner Meinung? Hier bin ich doch eh nur eine totale Null.*

cielo
como llovido del cielo *aus heiterem Himmel*
mover cielo y tierra *alles mögliche tun, die Welt bewegen, um etwas zu erreichen*
ver el cielo abierto *jubeln, den Himmel offen sehen, sich am Ziel seiner Wünsche sehen* **71/72/142**

cierto
estar en lo cierto *recht haben*

cintura
Pepito es muy rebelde, pero el profe le va a meter en cintura. *Pepe ist sehr aufsässig, der Lehrer wird ihm schon die Zügel anlegen.*

cisco
hecho cisco *total zertrümmert, kaputt*

cita
pedir cita *einen Termin machen, erbitten*

claro
tenerlo claro *genau wissen* **90**
sacar/poner en claro *klarstellen*

clavo
dar en el clavo *den Nagel auf den Kopf treffen*

coba
dar coba *Honig ums Maul schmieren, sehr übertrieben loben*

coco
ser el coco *ein Schreckgespenst oder Bösewicht sein*
comerle el coco a uno *auf jemanden einreden, jemanden mit seinem Anliegen nerven (den Kopf essen)* **2/15/16/145**

codo
empinar el codo *ein Trinker sein (die Ellenbogen heben)*
hincar los codos *angestrengt lernen (die Ellenbogen auf den Tisch nageln)*
charlar, hablar por los codos *viel reden*

coger
En este autobús cogen 54 personas. *In diesen Bus passen 54 Personen.*

cojear
El que no cojea, renquea. ‹★› *Wenn er nicht hinkt, so zieht er doch das Bein nach, das heißt irgend etwas stimmt nicht.*

cojera
En cojera de perros y lágrimas de mujer no hay que creer. ‹★› *Glaub nicht, wenn Hunde hinken und Weiber heulen.*

cola
hacer cola *Schlange stehen*

colarse
No había ya entradas, pero me he colado. *Es gab keine Eintrittskarten mehr, ich habe mich aber reingeschlichen.*

coleta
cortarse la coleta *etwas an den Nagel hängen, aufgeben*

colmo
para colmo *zu allem Überfluß* **30/35/48**
Esto es el colmo. *Das ist die Höhe!*

colocado
colocado *1. besoffen, bekifft 2. angestellt*

color
verlo todo color de rosa *alles durch die rosarote Brille sehen*
Deja de contar esos chistes verdes, ¿no ves que le estás sacando los colores a la chiquilla? *Hör auf, schlechte Witze zu erzählen. Siehst du nicht, wie du dem Mädchen die Schamröte ins Gesicht treibst?*

comer
El comer y el rascar, todo es empezar. ⟨★⟩ *Essen und Kratzen – damit fängt man an und hört nicht wieder auf. (d.h. was einem einmal Genuß bereitet, das läßt einen nicht mehr los)*
estar para comérselo *das ist zum Anknabbern, Anbeißen*

condiciones
en condiciones *in Ordnung, in ordentlichem Zustand* **32/106**
reunir condiciones *geeignet sein (Räume)*

confianza
tener confianza con alguien *mit jemandem gut stehen, sehr vertraut sein*
tener confianza en una cosa *mit etwas vertraut sein*

coñazo
dar el coñazo ⟨!⟩ *schwer auf den Geist gehen*

contacto
ponerse en contacto *sich in Verbindung setzen*

contraria
llevar la contraria *widersprechen*

conversación
entablar conversación *ein Gespräch beginnen*

copas
tomar copas *Alkohol trinken* **153**

copla
quedarse con la copla *etwas aufschnappen, um es später anzuwenden oder zu gebrauchen (z.B. wenn einer eine Vorliebe äußert, und man ihm später Entsprechendes zum Geschenk macht.)*

corazón
con el corazón en la mano *aus vollem Herzen*
tener el corazón de piedra *ein Herz aus Stein haben*

coronilla
estar hasta la coronilla *etwas leid sein* **5/6/82**

corriente
estar al corriente de *im Bilde sein*
No discutas con él, llévale la corriente y luego haz lo que te parezca. *Red nicht, sondern mach, was er sagt, und tu dann, was du für richtig hältst.*

corte
A mí me da corte entrar ahí con tanta gente. *Ich geniere mich, bei so vielen Leute da reinzugehen.*

cosa
cada cosa en su tiempo *alles zu seiner Zeit*
como quien no quiere la cosa *verheimlichend, heuchelnd*
como si tal cosa *als wäre nichts, ganz selbstverständlich*
Las cosas de palacio van despacio. ⟨★⟩ *Die Mühlen der Behörden mahlen langsam.*
poner las cosas claras. ⟨★⟩ *die Dinge klarstellen* **109**

coser
Es coser y cantar *Das ist kinderleicht. (nähen und singen)* **19**

cosqillas
buscarle las cosquillas *den schwachen Punkt suchen*

costado
un andaluz por los cuatro costados *durch und durch ein Andalusier*

cráneo
ir de cráneo ‹› *durchdrehen vor Überforderung*

creer
ya lo creo *das will ich meinen*

cruz
llevar una cruz *eine schwere Last zu tragen haben* **71**

cuando
de cuando en cuando *ab und zu*

cuanto
en cuanto a … *was … betrifft* **15**

cuenta
Ahora caigo en la cuenta. *Jetzt fällt bei mir der Groschen.*
correr de (auch: por) la cuenta de uno *1. auf seine Kappe nehmen 2. die Kosten übernehmen*
darse cuenta *bemerken* **10/29/31/141**
más de la cuenta *zuviel des Guten*
por su cuenta *auf eigene Faust, selbständig*
tener en cuenta *berücksichtigen* **17/58/88**

cuentas
en resumidas cuentas *kurz gesagt* **156**
rendir cuentas *Rechenschaft ablegen*

cuento
el cuento de nunca acabar *die unendliche Geschichte, die gleiche Leier* **39/40**
no venir a cuento *mit der Sache nichts zu tun haben*

cuernos
poner los cuernos *Hörner aufsetzen, fremdgehen* **19**

cueros
en cueros vivos *pudelnackt*

cuerpo
no tener cuerpo para algo *etwas nicht aushalten* **101**
Esto es demasiado para el cuerpo. *Das ist nicht zum Aushalten.*

cuervos
Cría cuervos y te sacarán los ojos. ⟨★⟩ *Undank ist der Welten Lohn. (Ziehe Krähen auf, und sie werden dir die Augen aushacken.)*

cuesta
Este trabajo se me ha hecho cuesta arriba. *Diese Arbeit hat mich große Anstrengung gekostet.*
en cuesta *steil, abschüssig*
cuesta abajo/cuesta arriba *steil nach unten/oben*

cuidado
poner/tener cuidado *achtgeben*
no pase/pierda cuidado *Seien Sie ohne Sorgen.*
tenerle a uno una cosa sin cuidado *einem einerlei sein*

culo
no mover el culo ⟨!⟩ *nicht den kleinen Finger rühren* **136**
vete a tomar por culo ⟨!!⟩ *verpiß dich*
dar por culo ⟨!⟩ *auf den Geist gehen*
perder el culo por algo ⟨ ⟩ *vor Begeisterung den Verstand (Arsch) verlieren* **62**

C

culpa
echar la culpa *die Schuld zuschieben* **28**
¿Qué culpa tengo yo? *Was kann ich dafür?* **104**
tener la culpa *Schuld sein/haben*

curro
dar/tener un curro ‹ › *einen Job geben/haben*

chaqueta
cambiarse de chaqueta *sein Fähnchen nach dem Wind richten*

chasco
llevarse un chasco *einen Reinfall erleben*

chaveta
perder la chaveta *den Verstand verlieren*

chicha
ni chicha ni limonada *nicht Fisch, nicht Fleisch*

china
Aquí no friega nadie, siempre me toca a mí la china. *Hier spült niemand, immer muß ich in den sauren Apfel beißen.*

chiripa
Me puso una pregunta en el examen y la acerté por chiripa. *Er hat mir bei der Prüfung eine Frage gestellt, und ich habe zufällig das Richtige getroffen.*

chispas
No le digas nada a tu padre ahora, está que echa chispas. *Sag deinem Vater nichts, er ist gerade auf 180 (sehr erregt).*

chuzos
¡Jo qué tormenta!, están cayendo chuzos de punta.
Mann, was ein Gewitter, es gießt ja in Strömen.

dar
lo mismo da *das ist egal*
dar con alguien *auf jemanden stoßen*
dar que pensar *zu bedenken geben*
darle a uno por algo *plötzlich auf etwas verfallen*

decir
como iba diciendo *was ich noch sagen wollte, wo war ich stehengeblieben* **8/20**
con decirte *ich brauche nur zu erwähnen*
es un decir *das ist eine Redensart*
ni que decir tiene ⟨★⟩ *Das ist vollkommen klar. (d.h. das muß erst gar nicht erwähnt werden)*
por decirlo así *um es so auszudrücken*
que digamos *um es mal so auszudrücken* **135**
usted dirá *Was gibt's, was haben Sie mir zu sagen?* **17/88/92/96/100**

decisión
tomar una decisión *eine Entscheidung treffen* **81**

dedillo
saber una cosa al dedillo *etwas aus dem Effeff (aufsagen) zu können*

dedo
hacer dedo *trampen*
poner el dedo en la llaga *den Finger in die Wunde legen*
para chuparse los dedos *zum Fingerschlecken* **64**
no tener dos dedos de frente *dumm sein (keine zwei Finger Stirn haben)*

dejar
dejar a uno con lo puesto *jemanden bis aufs Hemd ausziehen* **139/140**
dejarlo todo *alles aufgeben* **123**

demonio
qué demonio ... *was zum Teufel* **49**
qué demonios importa *was zum Teufel ist da so wichtig dran* **123**
saber a demonios *scheußlich schmecken*

derecho
No hay derecho. *Das darf nicht sein.* **110**
No me sale nada derecho. *Mir gelingt aber auch nichts.* **148**

descaminado
ir descaminado *auf dem Holzweg sein*

descosido
hablar/gritar/charlar como un descosido *wie wahnsinnig und ohne Unterlaß sprechen/schreien/plappern*

desfile
más lento que un desfile de cojos *lahm wie eine Schnecke (langsamer als ein Umzug von Hinkenden)*

desgracia
Las desgracias nunca vienen solas. ⟨★⟩ *Ein Unglück kommt selten allein.* **87**

despedirse
despedirse a la francesa *gehen, ohne sich zu verabschieden*

día
estar al día *auf dem laufenden sein*
ponerse al día *sich kundig machen*
Día de mucho, víspera de nada. ⟨★⟩ *Auf Plage folgen heitere Tage.* **37/38**
todo el santo día *den lieben langen Tag über* **4**
Un día es un día. ⟨★⟩ *Einmal ist keinmal.*

un día sí y otro no *ein über den anderen Tag*
Hoy no es mi día. *Heute habe ich kein Glück.* **28**

diablo
Más sabe el diablo por viejo que por diablo. ⟨★⟩ *Einem alten Hasen kann man nichts vormachen. (Der Teufel weiß mehr, weil er alt – und erfahren – ist, denn weil er ein Teufel ist.)* **75/76**

dicha
Nunca es tarde si la dicha es buena. ⟨★⟩ *Ende gut, alles gut.*

dicho
Del dicho al hecho hay mucho trecho. ⟨★⟩ *Es wird nichts so heiß gegessen, wie es gekocht wird. (Von gesagt zu getan ist es ein langer Weg.)*
dicho y hecho *gesagt, getan*

dientes
ponérsele a uno los dientes largos *Lust auf etwas bekommen (lange Zähne)* **153**

diestro
a diestro y siniestro *aufs Geratewohl*

Dios
Al que madruga Dios e ayuda. ⟨★⟩ *Morgenstund hat Gold im Mund.*
armar la de Dios *einen ordentlichen Streit vom Zaun brechen* **77/78**
estar de Dios *Schicksal sein (im Guten wie im Bösen)*
como Dios manda *wie es sich gehört*
Dios aprieta pero no ahoga. ⟨★⟩ *Gott läßt sinken, aber nicht ertrinken.*
Dios los cría y ellos se juntan. ⟨★⟩ *Gleich und gleich gesellt sich gern. (Gott erschafft sie, und sie tun sich zusammen.)* **67/68**
vaya por Dios *um Gottes willen* **51**
Por aquí no pasa ni Dios. Hier kommt keine Menschenseele vorbei. **34**

valgame Dios um alles in der Welt **67**
dejado de la mano de Dios von Gott verlassen **77**

disco
cambiar el disco/rollo *das Thema wechseln (eine andere Platte auf-/ einen anderen Film einlegen)*

dos
cada dos por tres *dauernd*

duda
No cabe la menor duda. *Es gibt nicht den geringsten Zweifel.*

dulce
A nadie le amarga un dulce. ⟨★⟩ *1. Etwas Angenehmes hört man immer gern. 2. Warum sollte man die Gelegenheit ungenutzt lassen.*

duro
tenerlo duro *es schwer haben, Schwierigkeiten haben* **7**

duro
lo que faltaba para el duro *das hat gerade noch gefehlt*

echar
echar *rauswerfen* **114**
echar de menos *vermissen* **85**
echarlo todo a perder *zugrunde richten*
echarse a la cara *einem unterkommen* **68**

ejemplo
dar ejemplo *mit gutem Beispiel vorangehen*

entendedor
A buen entendedor con pocas palabras basta. ⟨★⟩ *Gelehrten*

gegenüber ist gut predigen. (Ich weiß, Sie verstehen mich schon.)

enterarse
enterarse de lo que vale un peine *kapieren, wo es langgeht*

erre
erre que erre *ohne Unterlaß, pausenlos*

escaquearse
Hay mucha cosa que hacer y Ramón se ha escaqueado. *Es ist viel zu tun, und Ramón hat sich mal wieder verdrückt.* **88**

escopeta
estar con la escopeta cargada *bereit sein, Krach zu schlagen*

espaldas
cubrirse las espaldas *weiße Weste bewahren, auf Nummer Sicher gehen*

espanta
Lo poco espanta y lo mucho amansa. ⟨★⟩ *Erst kleines Unheil lähmt, dann großes zähmt. (d.h. man bekommt vor einer Kleinigkeit einen großen Schrecken und bleibt angesichts der Katastrophe ganz ruhig)*

espárragos
Véte a freír espárragos. *Scher dich zum Teufel! (Geh Spargel frittieren!)* **107/108**

esperar
Quien espera desespera. ⟨★⟩ Das *Hoffen und Harren, macht manchen zum Narren.*
de aquí te espero *sehr schwierig, sehr groß (z.B. eine Aufgabe oder ein Preis)*

espina
dar mala espina *verdächtig, ungewiß sein*

estrella
Unos nacen con estrella y otros estrellados. ⟨★⟩ *Der eine hat*

E

Glück, der andere Pech. (Wortspiel: estrella *– Stern und* estrellado *– am Boden zertrümmert)*

excepción
hacer una excepción *eine Ausnahme bilden, machen*

experiencia
La experiencia es la madre de la ciencia. ‹★› *Erfahrung ist die Mutter der Wissenschaft.*

falta
echar en falta *vermissen*
hacer falta *nötig sein, fehlen* **9/71/123**
sin falta *auf alle Fälle, unbedingt* **26**

faltar
no faltaba más *das hat gerade noch gefehlt* **6**
faltaría más *das wär ja, noch schöner* **86**
faltar a alguien *sich unverschämt benehmen gegen jemand*

fama
Cría fama y échate a dormir. ‹★› *Schaff dir Ruhm, dann leg dich um. (d.h. ruh dich nur auf deinen Lorbeeren aus)*
Unos tienen la fama y otros cardan la lana. ‹★› *Die einen haben den Ruhm, die anderen die Arbeit.*

farol
Menudo farol que se ha tirado Enrique. Dice que se va a comprar un Mercedes. *Enrique hat mal wieder angegeben wie zehn nackte Neger. Er sagt, er würde sich einen Mercedes kaufen.*

farruco
Le dije al camarero que la carne estaba mala, y el tío se puso farruco. *Ich sagte dem Kellner, daß das Fleisch schlecht sei, und der Kerl wird frech.* **20**

feo
más feo que Picio *potthäßlich*

feria
Cada uno cuenta la feria como le va. ⟨★⟩ *Jeder sieht die Dinge durch seine eigene Brille. (Jeder erzählt den Jahrmarkt, wie es ihm beliebt.)*

fiado
comprar fiado *auf Pump kaufen, anschreiben lassen*

fiesta
aguar la fiesta *das Fest verderben (verwässern)*

filas
estar en filas *beim Militär sein*

fin
a fin de cuentas *unterm Strich*
al fin y al cabo *schließlich, letztlich* **2/11/83/95**

flan
estar como un flan *zitternd vor Nervosität* **33**

flor
en la flor de la edad *in der Blüte des Lebens, in den besten Jahren*
la flor y nata *Crème de la Crème*
Luis le echa flores a Paquita, parece que le gusta. *Luis sagt Paquita nette Dinge (auch: raspelt Süßholz), er findet sie wohl gut.*

fondo
a fondo *genau, gründlich*

fondos
andar escaso de fondos *kein Geld auf dem Konto haben*

forma
de buenas formas *wohlerzogen, mit guten Manieren*
estar en forma *fit, in Form sein*
no hay forma de *es ist nicht möglich zu* **8**
vaya forma de *(ironisch:) das ist eine schöne Art zu* **3**

forrarse
forrarse ‹› *Kohle machen, absahnen*

frente
hacer frente a *sich entgegensetzen* **140**
ponerse al frente *die Führung übernehmen*

fresco
Le conté que su madre estaba en el hospital y se quedó tan fresco. *Ich erzählte ihm, daß seine Mutter im Krankenhaus sei, und das ließ ihn völlig kalt.*

frío
un frío que pela *fürchterlich kalt (daß es einem die Haut schält)*

frito
Mi Andrés me trae frito con sus caprichos. ‹› *Mein Andres bringt mich zur Weißglut mit seinen Launen.* **100**

fuego
jugar con fuego *mit dem Feuer spielen*

fuera
fuera de sí *außer sich* **19**

fuerzas
Eso es superior a mis fuerzas. *Das überfordert mich, geht über meine Kräfte.*
sacar fuerzas de flaqueza *aus der Not eine Tugend machen oder: sich wieder aufraffen*

gallina

Me sentía como gallina en corral ajeno. *Ich fühlte mich völlig kommen fehl am Platz.*

gallo

en menos que canta un gallo *im Nu*

quedarse como el gallo de Morón sin plumas y cacareando *große Sprüche und nichts dahinter*

Otro gallo cantaría. ⟨★⟩ *Dann würde ein anderes Lüftchen wehen, dann sähe es ganz anders aus.*

gana

hacer lo que a uno le da la gana *tun, wozu man Lust hat* **16/85/137**

no me da la (real) gana *ich hab keine Lust* **6/8**

quedarse uno con las ganas *die Lust aufheben (das Ziel nicht erreichen)*

tener ganas de *Lust haben zu*

garbanzo

el garbanzo negro *das schwarze Schaf (Kichererbse)* **113/114**

gastos

No te preocupes, el jefe va a correr con los gastos *Keine Sorge, der Chef wird die Kosten übernehmen.* **119**

gato

Aquí hay gato encerrado ⟨★⟩ *Es ist was faul im Staate Dänemark. (Hier ist eine Katze eingeschlossen.)*

dar gato por liebre *übers Ohr hauen (Katze für Hase geben)*

llevarse el gato al agua *restlos überzeugen und vollends für sich gewinnen* **57/58**

G

genio

Genio y figura hasta la sepultura ⟨★⟩ *Niemand kann über seinen Schatten springen.* **99/100**

tener mal genio *reizbar sein*

gente

Es muy buena gente. *Er/sie ist sehr sympathisch.* **146**

Ande yo caliente y ríase la gente ⟨★⟩ *Was juckt mich die Meinung der anderen.*

gloria

estar/quedarse en la gloria *sich pudelwohl fühlen*

saber/oler a gloria *köstlich schmecken/riechen* **65/66**

golpe

no dar ni golpe *keinen Finger rühren*

al primer golpe de vista *auf den ersten Blick*

de golpe y porrazo *plötzlich*

gorda

Se armó la gorda ⟨⟩. *Es gab einen fürchterlichen Streit.*

Con Diego no cuentes, no tiene una gorda. *Rechne nicht mit Diego, der ist völlig abgebrannt.*

no tener ni una gorda *keine müde Mark haben* **28**

gordo

tocarle a uno el gordo *das große Los ziehen/ (ironisch auch:) Pech haben* **36**

Oscar me cae gordo. *Ich kann Oskar nicht riechen.*

gorra

comer/vivir de gorra *auf anderer Leute Kosten essen/leben* **125/126**

gorro

estar hasta el gorro *den Kanal voll haben* **137/138**

gota
sudar la gota gorda *furchtbar schwitzen, sich abrackern* **112**

gozo
Mi gozo en un pozo. ⟨★⟩ *Aus der Traum. (Mein Genuß, meine Wünsche in einen Brunnen.)*

gracia
tener gracia *lustig sein*
Más vale caer en gracia que ser gracioso. ⟨★⟩ *Lieber gefallen, als ein Witzbold sein. (Wortspiel)*

grande
a lo grande *aus dem vollen*

grano
ir al grano *zur Sache kommen*

grito
a grito pelado *aus vollem Halse*
poner el grito en el cielo *aufschreien*

guardar
Quien guarda, halla. ⟨★⟩ *Bewahr, was du hast, damit du es zu etwas bringst.*

guerra
dar guerra *Scherereien machen*

gusanillo
matar el gusanillo *den ersten Hunger stillen* **46/46**

gusto
a gusto *wohl, angenehm* **132**
de buen/mal gusto *von gutem/schlechtem Geschmack*
Sobre gustos no hay nada escrito. ⟨★⟩ *Über Geschmack läßt sich streiten.*

habidos
habidos y por haber *was war und was zu sein hat*

hablar
ni hablar *ausgeschlossen, kommt nicht in Frage* **112**
para qué hablar *da lohnt es sich nicht mehr, ein Wort zu verlieren* **44**
¡No hay más que hablar! *Darüber reden wir nicht mehr! Kein Wort mehr!* **4/17**
Pepe habla como un descosido. *Pepe redet ohne Punkt und Komma.*
Quien mucho habla, mucho yerra. ⟨★⟩ *Wer viel redet, irrt auch viel.*

hacer
Haz bien y no mires a quien. ⟨★⟩ *Tu deinen Kram, und scher dich nicht um die Menschheit.*

hacerse
hacerse con *erlangen*
hacerse (de) rogar *sich bitten lassen*
hacerse el tonto *sich dumm stellen*

hambre
Listo como el hambre. ⟨★⟩ *Not macht erfinderisch.*
pasar más hambre que el perro de un ciego/que un maestro de escuela *bitter Hunger leiden*

harina
Eso es harina de otro costal. ⟨★⟩ *Das steht auf einem anderen Blatt. (Das ist Mehl aus einem anderen Sack.)*

harto
estar harto *überdrüssig sein* **88/96/100**
tenerle a uno harto *jemandes Kram leid sein* **100**

hecho
estar hecho a algo *gewohnt sein*

higos
de higos a brevas *hie und da, ziemlich selten (*higos*: Spätfeigen im September,* brevas*: Frühfeigen im Juni)*

hijo
hijo de papá *verwöhntes Söhnchen*

hilo
perder el hilo *den Faden verlieren*

hincapié
hacer hincapié en *besonderen Wert legen auf*

hipo
está que quita el hipo *das ist atemberaubend (das nimmt den Schluckauf.)*

hombre
El hombre propone y Dios dispone. ⟨★⟩ *Der Mensch denkt, Gott lenkt.*
hombre de paja *Strohmann*
Hombre prevenido vale por dos. ⟨★⟩ *Vorsicht ist die Mutter der Porzellankiste.*
un hombre hecho y derecho *ein rechter Kerl*

hombro
arrimar el hombro *mit anpacken*
mirar por encima del hombro *über die Schulter, arrogant ansehen*
encogerse de hombros *mit den Schultern zucken*

hora
la hora de la verdad *die Stunde der Wahrheit* **1/7**
ir con la hora pegada al culo ‹ › *in großer Eile (die Uhrzeit am Hintern kleben haben)* **25/26**
a altas horas *zu später Stunde*
echársele la hora encima *spät werden* **61**

horma
hallar la horma del zapato *den richtigen Partner finden*

hostia
darse una hostia *einen Unfall haben*
dar una hostia a alguien *jemandem eine Ohrfeige geben*
Me cago en la hostia. ‹!› *Ich halt's im Kopf nicht aus!*
liarse a hostias ‹ › *sich gegenseitig die Fresse polieren* **80**

hoy
de hoy en adelante *von heute an*
hoy en día *heutzutage*
hoy por hoy *heute und vorerst* **91**

hueco
haber un hueco *ein Platz frei sein*

hueso
un hueso duro de roer *ein harter Brocken (Schwierigkeiten, mit denen man sich herumquälen muß)*
calado hasta los huesos *naß bis auf die Haut*
quedarse en los huesos bis *auf die Knochen abmagern*
El tío es un hueso. ‹ › *Der Kerl ist ein Widerling.* **20**

huevo
costar un huevo *sauteuer sein*
estar hasta los huevos ‹!› *es satt sein, den Kanal voll haben* **6**

humos
bajarle a uno los humos *jemandem Bescheid sagen, jemanden kleinkriegen*
tener muchos humos *sehr arrogant, stolz sein*

ida
ida y vuelta *Hin- und Rückfahrt*

idea
aclarar las ideas *die Gedanken ordnen, im Kopf klar werden*
cambiar de idea *die Absicht ändern*
hacerse a la idea *sich mit einem Gedanken anfreunden* **115**
ni puta idea ⟨!⟩ *null Ahnung* **57**

igual
Me da igual. *Das ist mir egal.* **107/120**

importancia
Fulanito se da mucha importancia. *Fulanito tut sich sehr wichtig.*

improviso
de improviso *plötzlich*

inconveniente
¿Tenéis algún inconveniente? *Habt ihr was dagegen?* **98**

inmediato
de inmediato *sofort*

ir
¿Cómo te ha ido? *Wie ist es dir ergangen?* **160**
esto le va bien/mal *das bekommt ihm (ihr/Ihnen) gut/schlecht*
ir por libre *unabhängig sein, alleine reisen*
Ni me va ni me viene. ⟨★⟩ *Das ist mir ziemlich egal.*
sin ir más lejos *ohne weiter zu gehen*
Voy tirando. *Ich wurschtele mich so durch.*

jota
no entender ni jota de *nicht den blassesten Schimmer haben von* **142**

juego
Desgraciado en el juego, afortunado en amores. ⟨★⟩ *Pech im Spiel, Glück in der Liebe.* **93/94**
No es cosa de juego. *Das ist nicht auf die leichte Schulter zu nehmen.*
no prestarse al juego *nicht mitspielen bei einer Sache*

juerga
correrse una juerga *einen draufmachen*

jugar
jugar limpio *fair und offen spielen* **91**

ladrón
Piensa el ladrón que todos son de su condición. ⟨★⟩ *Der Bösewicht denkt, alle anderen seien ihm gleich.*

lágrimas
llorar lágrimas de cocodrilo *Krokodilstränen weinen*

lana
ir por lana y volver trasquilado *auf Wolle ausgehen und geschoren zurückkehren (ärmer als vorher)*

larga
a la larga *auf lange Sicht*

largarse
Me largo. *Ich haue ab, ich gehe.* **104**

lata
dar la lata *auf den Geist gehen* **60**

leche
mala leche *schlecht gelaunt/durch und durch böse*

lengua
con la lengua fuera *mit hängender Zunge*
no morderse la lengua *kein Blatt vor den Mund nehmen (sich nicht auf die Zunge beißen)*
tirar de la lengua *jemandem die Würmer aus der Nase ziehen/bohren*

leña
echar leña al fuego *Öl aufs Feuer gießen*

león
No es tan fiero el león como lo pintan. ⟨★⟩ *Hunde, die bellen, beißen nicht. (Der Löwe ist nicht so wild, wie er gemalt wird.)*

Lepe
sabe más que Lepe *sehr viel wissen*

ley
Quien inventa la ley, inventa la trampa. ⟨★⟩ *Kein Gesetz ohne Hintertürchen.*

liado
estar más liado que el testamento de una loca *sehr konfus und unverständlich*
estar más liado que la pata de un romano *stark beschäftigt sein*

liebre
Donde menos se piensa salta la liebre. ⟨★⟩ *Manch Glück stellt sich unverhofft ein. (Da, wo du es nicht erwartest, kommt der Hase hervorgesprungen.)*

lince
ser un lince *scharfsichtig und vif (wie ein Luchs)*
tener vista de lince *ein Adlerauge haben*

línea
guardar la línea *auf die schlanke Linie achten*

lío
¡vaya lió! *schönes Durcheinander!* **106**
el lío armado *das totale Durcheinander* **106**
meterse en un lío *sich auf etwas Heikles (meist Weiber- oder Männergeschichten) einlassen* **21**

lirón
dormir como un lirón *schlafen wie ein Bär (Siebenschläfer)*

loro
estar al loro *auf dem laufenden sein*

lote
darse/pegarse el lote *einen draufmachen (vor allem sexuell)*

llegar
Quien llega tarde ni oye misa ni come carne. ⟨★⟩ *Wer zuletzt kommt, mahlt zuletzt.* **63/64**

llevarse
llevarse bien/mal *gut/schlecht miteinander auskommen* **1**

llover
Tiene que llover mucho. ⟨★⟩ *Es muß noch viel Wasser den Rhein runterfließen.* **151/152**

madera
toca madera *toi, toi, toi*
Pedro tiene madera de cantante. *Pedro hat das Zeug zum Sänger.*

mal
de mal en peor *vom Regen in die Traufe* **39/40**
No hay mal que cien años dure. ⟨★⟩ *Die Zeit heilt alles Leid. Die Zeit heilt alle Wunden.* **27/28**
No hay mal que por bien no venga. ⟨★⟩ *Auf Leid folgt Freud.* **85/86**
Mal de muchos, consuelo de tontos. ⟨★⟩ *Nur Dumme trösten sich damit, daß andere ein gleiches Unglück trifft.*

maleta
hacer la maleta *den Koffer packen, weggehen* **46**

malo
Más vale malo conocido que bueno por conocer. ⟨★⟩ *Lieber das bekannte Übel, als das noch unbekannte Gute.* **17/90**

mangas
ser más corto que las mangas de un chaleco ⟨★⟩ *schüchtern und schamhaft sein (kürzer als die Ärmel einer ärmellosen Weste;* corto: *scheu, schüchtern)*

manga
manga por hombro *drunter und drüber*

manitas
hacer manitas *Händchen halten*

mano
dejado de la mano de Dios *gottverlassen, von allen guten Geistern verlassen* **77**

M

echar una mano *helfen* **56/95/110/159**
meter mano *befingern, befummeln*
poner la mano encima *die Hand drauf haben*

manos
a manos llenas *mit vollen Händen*
coger con las manos en la masa *auf frischer Tat ertappen* **9/10**
estar en manos de alguien *jemandem obliegen*
lavarse las manos *sich die Hände (in Unschuld) waschen*
tener entre manos *eine Angelegenheit, ein Geschäft am Laufen haben* **9/130**

manta
liarse la manta a la cabeza *nicht lange zögern, alles auf eine Karte setzen* **129/130/142**

maña
Más vale maña que fuerza. ⟨★⟩ *List geht über Kraft.*

mar
la mar de bien/mal *sehr, sehr gut/schlecht*

marcha
sobre la marcha *währenddessen, unterwegs*
irle la marcha a alguien ⟨⟩ *gerne feiern und auf Kneipentour gehen*

martes
En trece y martes ni te cases ni te embarques. ⟨★⟩ *Der Dreizehnte und dazu noch ein Dienstag – das kann nur Unglück bringen. (... heirate nicht, und schiffe dich nicht ein)* **23/24**

más
sin más ni más *ohne Wenn und Aber*
Qué más te da. *Dir kann's doch egal sein.*

mayor
al por mayor/menor *zum Großhandels-/Einzelhandelspreis*
fuerza mayor *höhere Gewalt*

mearse
mearse de risa ‹› *sich bepinkeln vor Lachen* **19/20**

medio
meterse en medio *sich einmischen* **84**

menos
por lo menos *wenigstens* **23/130**
menos mal que *ein Glück, daß*
es lo de menos *das ist das geringste* **27**

mentira
Parece mentira. *Man sollte das nicht glauben.*

meterse
meterse en una cosa *sich auf eine Sache einlassen* **122**
meterse donde no le llaman *sich einschleichen oder einmischen, wo man nichts verloren hat*
meterse en lo que no le importa *sich einmischen, wo man nichts zu suchen hat*
meterse en medio *sich einmischen* **84**

miel
No se hizo la miel para la boca del asno. ‹★› *Das sind Perlen vor die Säue geworfen.*

mientras
mientras sí mientras no *währenddessen, inzwischen*

mierda
hecho una mierda ‹› *1. wie ein Saustall, 2. kaputt oder deprimiert*

migas
estar hecho migas *fertig, groggy sein* **101**
hacer buenas migas *sich ordentlich benehmen*

mijita
Dice que ni mijita. *Er weigert sich rundweg, das kommt für ihn nicht in Frage.* **2**

misa
no saber de la misa la media *keine Ahnung haben, gar nichts wissen*
(siehe auch: llegar **63/64***)*

mismo
darle a uno lo mismo *piepegal sein*
estaríamos en las mismas *das wäre dasselbe wie vorher* **91**
estar hasta los mismísimos *den Kanal voll haben*

mocho
hacer un mocho *Geld zusammenlegen*

mochuelo
cargar con el mochuelo *etwas sehr Unangenehmes auf sich nehmen, etwas ausbaden müssen*

molido
estar molido *sehr müde sein, wie zerschlagen*

mona
Aunque la mona se vista de seda, mona se queda. ⟨★⟩ *Niemand kann über seinen Schatten springen. (Kleidet sich die Äffin auch in Seide, Äffin bleibt sie immer.)*
dormir la mona *den Rausch ausschlafen*

mono
tener el mono *einen Koller kriegen*

monte
No todo el monte es orégano. ⟨★⟩ *Es ist nicht alles Gold, was glänzt.*

moño
estar hasta las narices (moño, los huevos, la coronilla) *den Kanal voll haben* **5/6**

moradas
pasarlas moradas *eine schlechte Zeit hinter sich bringen*

moros
Hay moros en la costa. ⟨★⟩ *Vorsicht, wir werden belauscht. Keiner soll mitkriegen, was ich dir sage.*

morro
tener (mucho) morro *frech rangehen*

mosca
tener la mosca detrás de la oreja *1.unangenehmes ahnen 2. stinkig/schwer geladen sein (eigentlich: wenn das Zugtier eine Mücke hinterm Ohr hat)* **53/54**
por si las moscas *für alle Fälle*

mosquearse
sich ärgern **106**

mosquita
un/una mosquita muerta *Duckmäuser/in*

muerto
cargarle a uno el muerto *jemandem die Schuld geben*
no tener donde caerse muerto *bettelarm sein* **39**
El muerto al hoyo y el vivo al bollo. ⟨★⟩ *Das Leben geht weiter. (Den Toten in die Erde, auf daß wieder gefuttert werde.)*
quitarse el muerto de encima *eine sehr unangenehme Aufgabe loswerden* **81/82**

mula
terco como una mula *störrisch wie ein Maultier*

mundo
prometer este mundo y el otro *das Paradies auf Erden versprechen* **144**

murga
dar la murga *auf den Geist gehen*

música
irse con la música a otra parte *sich verdrücken, es woanders versuchen*

nada
no tener nada que ver *nichts mit einer Angelegenheit zu tun haben*

narices
estar hasta las narices ‹ › *es gestrichen voll haben*
meter las narices en todo *seine Nase überall reinstecken*

necio
Más sabe el necio en su casa que el cuerdo en la ajena. ‹★› *In eigenen Dingen kennt man sich selbst am besten aus. (Der Dumme weiß mehr im eigenen Haus als der Kluge im fremden.)*

negro
currar como un negro *schuften wie ein Ochse (Neger)* **86**
estar negro *stinksauer sein*

nervios
tener los nervios de punta *ein Nervenbündel sein, entsetzlich aufgeregt sein*

niño

Niño que no llora no mama. ⟨★⟩ *Wer nicht schreit, geht leer aus.* **89/90**
niño de papá *Bessere-Leut-Söhnchen, Vatersöhnchen*
Quien con niño se acuesta cagado amanece. ⟨★⟩ *Wer das Kind zu sich ins Bett legt, wacht gerne beschissen auf. (Man darf sich nicht wundern.)*

noche

De noche todos los gatos son pardos. ⟨★⟩ *Nachts sind alle Katzen grau.* **29/30**
pasar la noche en blanco *die Nacht ohne Dach über dem Kopf verbringen* **33/34**

nubes

estar en las nubes *benebelt, abwesend sein*
estar por las nubes *irre teuer sein*

nudo

Tiene un nudo en la garganta. *Er hat die Kehle zugeschnürt.*

ocasión

A la ocasión la pintan calva. ⟨★⟩ *Man muß die Gelegenheit beim Schopf ergreifen.*
La ocasión hace al ladrón. ⟨★⟩ *Gelegenheit macht Diebe.*
Quien quita la ocasión quita el peligro. ⟨★⟩ *Vorsicht ist die Mutter der Porzellankiste.* **95/96**

oficio

un hombre sin oficio ni beneficio *er hat nichts, und er kann nichts*

oído
pegar el oído *genau hinhören, lauschen*
entrar por un oído y salir por el otro *in ein Ohr rein und aus dem anderen wieder raus*
soy todo oídos *ich bin ganz Ohr*

oír
Yo oigo como quien oye llover. *Das läßt mich völlig kalt.*

ojo
no pegar ojo *kein Auge zudrücken* **35/122**
costar un ojo de la cara *ein Heidengeld kosten* **7/8**
tener mucho ojo *einen Blick für das Geschäft haben* **51**
tener mucho ojo con *aufpassen*

ojos
en un abrir y cerrar de ojos *im Nu*
tener una venda en los ojos *wie verbundene Augen haben, das heißt überhaupt nichts sehen*
comer con los ojos *mit den Augen auffressen, begehrlich anschauen*
írsele a uno los ojos trás algo o alguien *heftig begehren*
Más ven cuatro ojos que dos. ⟨★⟩ *Vier Augen sehen mehr als zwei. (Manches lohnt sich abzuwägen mit einem Gegenüber.)*
Ojos que no ven, corazón que no siente. ⟨★⟩ *1. Was ich nicht weiß, macht mich nicht heiß. 2. Aus den Augen, aus dem Sinn.*

oro
el oro y el moro *alles im Überfluß, das Blaue vom Himmel* **142**
No es oro todo lo que reluce. ⟨★⟩ *Es ist nicht alles Gold, was glänzt.*

ostra
aburrirse como una ostra *sich zu Tode langweilen* **14/43/44/73**

oveja
Cada oveja con su pareja. ⟨★⟩ *Jeder Bock zu seinem Rock. (Gleich und gleich gesellt sich gern.)*

padre
de padre y señor mío *ganz gehörig*

pájaro
Más vale pájaro en mano que ciento volando. ⟨★⟩ *Lieber einen Spatz in der Hand als eine Taube auf dem Dach.* **55/56**
matar dos pájaros de un tiro *zwei Fliegen mit einer Klappe schlagen* **63**
tener pájaros en la cabeza *einen Vogel haben*
un pájaro de cuenta *schräger Vogel, undurchsichtiger Kerl*

palabra
dejarle con la palabra en la boca *jemanden abblitzen lassen*
A palabras necias, oídos sordos. ⟨★⟩ *Auf dummes Gerede soll man nichts geben.*

paliza
pegar una paliza *eine Tracht Prügel verpassen*

palo
dar un palo 1. Me han dado un palo con el coche que compré. *Ich bin übers Ohr gehauen worden.* 2. Susana me ha dado un palo. *Susanne hat mich enttäuscht.*
pegar un palo *über den Tisch ziehen*
a palo limpio *rücksichtslos draufschlagend*
Yo hago mi trabajo y tu haces el tuyo. Cada palo aguante su vela. ⟨★⟩ *Ich tue meine Arbeit und du deine. Jeder Mast halte sein Segel, das heißt jeder trage seine eigene Last.*
De tal palo tal astilla. ⟨★⟩ *Der Apfel fällt nicht weit vom Baum.*

pamplinas
déjate de pamplinas *laß den Quatsch* **97**

pan
A falta de pan, buenas son tortas. ⟨★⟩ *In der Not frißt der Teufel Fliegen.* **115/116**
Al pan, pan y al vino, vino. ⟨★⟩ *Man soll das Kind beim Namen nennen.* **109/110**
más bueno que el pan *die personifizierte Güte*
Esto es pan comido. *Das ist eine todsichere Sache.* **122/138**

papa
No entiendo ni papa. *Ich verstehe nur Bahnhof. (Kartoffel)* **117/118**
No sé ni papa. *Ich habe keinen blauen Dunst davon.* **5**

papeles
con los papeles debajo del brazo *bereit, zu heiraten*

par
abierto de par en par *ganz weit offen stehen*

parte
poner algo de su parte *seinen Teil beitragen, sich anstrengen* **46/83**
El que parte y reparte se lleva la mejor parte. ⟨★⟩ *Wer teilt und verteilt, den die Armut nicht ereilt.*

partes
En todas partes cuecen habas. ⟨★⟩ *Woanders wird auch nur mit Wasser gekocht.*

pasada
jugar una mala pasada *übel mitspielen* **31/34**

pasar
por aquí no paso *weiter spiel ich nicht mit* **100**
hacerse pasar por *sich ausgeben für*

El tío pasa de todo. ‹› *Dem Kerl ist alles egal.* **145**
Yo paso de carne. ‹› *Ich mache mir nichts aus Fleisch.*

pasarlo
Lo hemos pasado bomba. *Es war sagenhaft.*

paso
apretar el paso *schneller gehen*
dar paso *vorbei lassen*
a paso de tortuga *im Schneckentempo*
paso por paso *Schritt für Schritt*

pastón
gastar un pastón *einen Haufen Geld ausgeben* **11**

pata
estirar la pata *alle viere von sich strecken, sterben*
mala pata *Pech* **26**
meter la pata *ins Fettnäpfchen treten* **3/4/135**

patitas
poner de patitas en la calle *auf die Straße setzen, hinauswerfen* **15**

pato
pagar el pato *die Suppe auslöffeln/die Sache ausbaden* **32**

patrón
cortados por el mismo patrón *aus gleichem Holz geschnitzt* **52/131/132/144**
Donde hay patrón, no manda marinero. ‹★› *Wo der Kapitän snackt, hat der Matrose nichts zu melden.*

pava
pelar la pava *vor dem Haus (früher am Fenstergitter) mit der Geliebten turteln, Süßholz raspeln*

paz
hacer las paces *Frieden schließen, sich aussöhnen* **83/84/97/99**

pe
de pe a pa *wortwörtlich*

pecho
A lo hecho, pecho. 〈★〉 *Wer A sagt, muß auch B sagen; für sein Tun einstehen.* **83**
tomarse a pecho *zu Herzen nehmen*

Pedro
ir como Pedro en su casa *völlig ungeniert, rücksichtslos* **84**

pegas
poner pegas *herummäkeln, Schwierigkeiten machen* **88**

pellejo
no caber uno en el pellejo *platzen vor Stolz und Zufriedenheit*

pelo
no tener un pelo de tonto *aber auch gar nicht auf den Kopf gefallen sein* **41**
tomar el pelo *verulken, vergackeiern* **11/12**
un hombre de pelo en pecho *ein ganzer Kerl*
No hay quien te vea el pelo. *Du bist wie vom Erdboden verschwunden.* **86**

pelos
con pelos y señales *haarklein, haargenau*
Se me ponen los pelos de punta. *Mir sträuben sich die Haare.*
por los pelos *haarscharf, ganz knapp* **55**
no tener pelos en la lengua *kein Blatt vor den Mund nehmen* **3/4/112**

pelota
hacer la pelota *sich anbiedern* **83**
en pelotas *nackt*

pena
dar pena *leid tun* **95**
a duras penas *unter großen Mühen*
merecer la pena *die Mühe lohnen*

penalty
casarse de penalty ‹ › *sich verheiraten müssen, weil ein Kind unterwegs ist*

pendiente
estar pendiente de *etwas im Auge behalten/erwartend/sich abgeben mit* **100**

pepino
importar un pepino ‹ › *schnurzpiepegal sein* **14/47/48**

perderse
Josefa no pierde ni un detalle. *Josefa entgeht aber auch nichts.*
no perderse ni una *aber auch nichts auslassen* **70**

perlas
venir de perlas *wie gerufen kommen* **149/150**

peros
poner peros *Einwände vortragen, herummäkeln* **54**

perro
A perro flaco todo son pulgas. ‹★› *Ein Unglück kommt selten allein. (d.h. den Ärmsten trifft es am häufigsten)*
como perro y gato *wie Katz und Hund*
Perro ladrador, poco mordedor. ‹★› *Hunde, die bellen, beißen nicht.*
como perro que le quitan pulgas *erleichtert wie ein entflöhter Hund* **81**
No atamos los perros con longaniza. *So reich sind wir nun auch wiederum nicht.*

persianas
enrollarse como las persianas *Opern quatschen*

pesado
Fulgencio es más pesado que el plomo. *Fulgencio ist eine fürchterliche Nervensäge.*

pestes
hablar pestes de *übel nachreden*

pez
estar como el pez en el agua *sich pudelwohl fühlen*
un pez gordo *ein hohes Tier*

picar
Pícame Pedro que picarte quiero. ‹★› *Stichele nur, ich stichele zurück (zu jemandem, der Sticheleien sucht).*
picar muy alto *hoch hinaus, es zu etwas bringen wollen*

pie
al pie de la letra *wortwörtlich*
Dale el pie y se tomará la mano. ‹★› *Reichst du ihm den kleinen Finger, so greift er nach der ganzen Hand.*
entrar con el pie derecho *etwas richtig anfangen*
haber nacido de pie *ein Glückspilz sein*
levantarse con el pie izquierdo *mit dem linken Fuß aufstehen, etwas schlecht anfangen* **28**
es mis pies y mis manos *ohne sie/ihn läuft bei mir gar nichts* **86**
no dar pie con bola *keinen Fuß auf die Erde kriegen, alles verpatzen*
saber de qué pie cojea *wissen, wo der Hund begraben liegt, wo es hapert*
buscarle tres pies al gato *einen kleinen Mangel suchen, um Streit anzufangen*
sin pies ni cabeza *ohne Hand und Fuß*
salir con los pies por delante *sterben (mit den Füßen nach vorn aus dem Haus getragen werden)*

piedra
Me quedé de piedra. *Ich bin zur Salzsäule erstarrt.*

pierna
dormir a pierna suelta *tief und fest schlafen*

pieza
Se quedó de una pieza. *Er war sprachlos.*

pinta
tener pinta de algo *aussehen nach* **150**
tener buena/mala pinta *gut/schlecht aussehen* **29/116**
no pinto nada *ich habe hier nicht viel zu melden* **137**

Pinto
entre Pinto y Valdemoro *so la la*

pintura
No lo quiero ver ni en pintura. *Der kann mir gestohlen bleiben.* **2/11**

piña
unidos como una piña *stramm zusammenstehen*

pío
no decir ni pío *keinen Piep sagen*

plato
pagar los platos rotos *die Suppe auslöffeln, die Sache ausbaden* **119/120**
plato fuerte *das Wichtigste (Hauptgericht)*
servir de segundo plato *nur ein Anhängsel sein*

plumero
vérsele el plumero a alguien *bei jemandem die geheime Absicht suchen*

poco
por poco *fast, beinahe* **139**

polvo
hecho polvo *kaputt* **17/157**

poner
poner verde *herunterputzen* **5/8**
poner con *verbinden mit (am Telefon)* **30**

ponerse
ponerse ciego *sich vollstopfen*
ponerse morado *sich vollaufen lassen*

porra
Vete a la porra. ‹ › *Scher dich zum Teufel!*

prevenir
Más vale prevenir que curar. ‹★› *Vorbeugen ist besser als heilen.*

prisa
correr prisa *es eilig haben*

probar
Todo el que prueba, repite. ‹★› *Wer das probiert, der repetiert.* **66**

procesión
la procesión va por dentro *sich den Kummer nicht anmerken lassen*

pronto
por lo pronto *vorerst, erstmal* **103**

puerta
darle con la puerta en las narices *die Tür vor der Nase zuschlagen*

pulgas
tener malas pulgas *sehr ungeduldig und leicht reizbar sein*

punta
de punta en blanco *herausgeputzt*
tener en la punta de la lengua *auf der Zunge haben*

puntilla
dar la puntilla *den Gnadenstoß geben*

puntos
poner los puntos sobre las íes *die Dinge klarstellen*

puñetas
Vete a hacer puñetas. 〈!〉 *Verpiß dich! (Geh dir einen runterholen!)*

puño
tener en un puño *in der Gewalt haben*
de su puño y letra *eigenhändig geschrieben*

puta
de puta madre 〈 〉 *hervorragend* **59**
llevarse de puta madre 〈 〉 *blendend miteinander auskommen*

quedar
quedar con alguien *sich verabreden* **33**
Estás quedándote conmigo. *Du erzählst mir was vom Pferd, du veräppelst mich doch.*

querer
El que algo quiere algo le cuesta. 〈★〉 *Wer ernsthaft will, der leistet viel.* **153/154**
Quien bien te quiere te hará llorar. 〈★〉 *Wer liebt, der leidet.*
Querer es poder. 〈★〉 *Wo ein Wille ist, ist auch ein Weg.*
¡Qué más quisiera yo! *Was wollt ich mehr.* **11/69**

quicio
sacar de quicio *aus dem Häuschen, durcheinander bringen (aus der Angel heben)*

quico
ponerse como el quico *sich vollstopfen*

Quintín
armarse la de San Quintín *Streit anfangen*

quitarse
quitarse de en medio *sich verdrücken* **118/140**
Te has quitado a Pepe de encima. *Du bist Pepe losgeworden.* **152**
quitarse del tabaco *aufhören zu rauchen, sich das Rauchen abgewöhnen* **151**

rabia
dar rabia *wütend machen* **114**

rabillo
Lo vi con el rabillo del ojo. *Ich habe ihn flüchtig, mit einem Seitenblick gesehen.*

rabo
con el rabo entre las piernas *mit eingezogenem Schwanz*

rabonas
hacer rabonas *Schule schwänzen*

racha
una mala racha *eine schlechte Phase* **148**

rajarse
rajarse *einen Rückzieher machen, kneifen*

ramas
andarse por las ramas *um den heißen Brei reden/ausweichen*

rasero
medir por el mismo rasero *über einen Kamm scheren* **117**

rastro
sin dejar rastro *ohne eine Spur zu lassen*

rato
echarse un rato *sich aufs Ohr legen* **47**
pasar un buen/mal rato *eine angenehme/unangenehme Zeit verbringen*

raya
pasarse de la raya *übers Ziel hinausscheißen, sich zuviel herausnehmen*
tener a raya *in Schach halten*

razón
dar la razón *recht geben*
dar razón *Auskunft geben*

regla
por regla general *normalerweise*

reír
El que ríe el último, ríe mejor. ⟨★⟩ *Wer zuletzt lacht, lacht am besten.* **157/158**

remate
estar loco de remate *total verrückt sein* **21**

remedio
Todo tiene remedio, menos la muerte. ⟨★⟩ *Alles läßt sich heilen, nur der Tod nicht.*
no tiene más remedio que *es bleibt (ihm/ihr) nichts anderes übrig, als* **41**

R

rendido
estar rendido *fertig, ermüdet sein*

reojo
mirar de reojo *verstohlen ansehen, mit einem Seitenblick*

retahíla
soltar la retahíla *eine Liste runterbeten*

río
Cuando el río suena, agua lleva. ⟨★⟩ *Wenn der Fluß klingt, er auch Wasser bringt. (An einem Gerücht ist immer etwas Wahres.)*

risa
mondarse de risa *sich kaputtlachen*

rodeos
andar con rodeos *um den heißen Brei reden* **52**
dejarse de rodeos *klar reden* **92/97**

romper
Hemos roto. *Wir haben miteinander Schluß gemacht.* **139**
El que rompe paga (y se lleva los triestos). *Wer eine Dummheit begeht, muß auch die Folgen tragen.*

ropa
Hay ropa tendida. *Psst, Feind hört mit.*

roque
quedarse roque *auf der Stelle einschlafen*

rosario
acabar como el rosario de la aurora *ein böses Ende nehmen* **79/80**

sábanas
pegársele a uno las sábanas *etwas verschlafen*

saber
El saber no ocupa lugar. ‹★› *Wissen schadet nicht.*
Pepa se las sabe todas. *1. Pepa kann man nichts vormachen. 2. Pepa ist eine Klugscheißerin.* **84**
qué sé yo *was weiß ich* **156**
vete a saber ‹ › *weiß der Henker* **103**

sabiendas
a sabiendas *wissentlich*

sablazo
dar un sablazo *schnorren*

sacar
sacar adelante *durchbringen, durchkommen*
sacar en limpio *heraushören, herausbekommen*

saco
tener en el saco *jemanden für sich gewonnen haben (siehe auch:* bolsillo*)*

salir
salir en el periódico *in der Zeitung stehen* **160**
salirse con la suya *seinen Kopf durchsetzen* **79/111**

salsa
estar en su salsa *sich pudelwohl fühlen*

salto
dar/pegar un salto *aufspringen*

santo
írsele a uno el santo al cielo *den Faden verlieren, steckenbleiben, mit etwas nicht weiterkommen* **61/62**
quedarse para vestir santos *ledig bleiben* **69/70**

sarna
Sarna con gusto no pica. ⟨★⟩ *Gefällig Krätz juckt nicht.*
más viejo que la sarna alt wie Methusalem

sartén
tener la sartén por el mango *das Regiment führen (die Pfanne am Stiel halten)* **111/112**

seguir
como siga así *wenn das so weitergeht* **95**

sentado
dar por sentado *mit etwas rechnen, für verbindlich halten*

sentar
sentar bien/mal *gut/schlecht bekommen* **155/156**

señales
dar señales de vida *von sich hören lassen*

ser
sea como sea *wie auch immer* **17**

sermón
soltar un sermón *eine Standpauke halten*

Sevilla
Quien fue a Sevilla perdió su silla. ⟨★⟩ *Aus den Augen, aus dem Sinn. (Was man freiwillig aufgegeben hat, das kann man nicht zurückbekommen.)*

soga
Tenemos la soga al cuello. *Uns steht das Wasser bis zum Hals.* **118**

solo
Más vale solo que mal acompañado. ⟨★⟩ *Lieber allein als in schlechter Gesellschaft.* **129**
más solo que la una *ganz alleine, einsam* **70**

son
saber bailar al son que le tocan *nach der Pfeife tanzen, mit den Wölfen heulen*

sonar
Me suena. *Der/die/das kommt mir bekannt vor.* **146**

sueco
hacerse el sueco *sich dumm stellen*

sueño
conciliar el sueño *Schlaf finden*
quitar el sueño *den Schlaf rauben*
descabezar un sueñecito *ein Nickerchen machen*

tabla
a rajatabla *um jeden Preis*

tal
como si tal cosa *als wäre nichts, ganz selbstverständlich*
tal para cual *aus gleichem Holz geschnitzt, gleich* **135**

tanto
no es para tanto *so schlimm/doll ist es auch wieder nicht* **2/56/84**
estar al tanto de *auf dem laufenden sein, im Kopf haben* **32**
uno de tantos *einer von vielen*

T

tapia
sordo como una tapia *stocktaub*

tapujos
andar con tapujos *nicht klar sagen, was Sache ist*

tarde
Más vale tarde que nunca. ⟨★⟩ *Lieber spät als nie.* **21/22**
Vale lo que pesa. ⟨★⟩ *Alles hat seinen Preis.*
de tarde en tarde *von Zeit zu Zeit*

tebeo
Está más visto que el tebeo. *Komm, erzähl mir keine Uraltgeschichten (durchgeblätterter als ein Comic).*

tejos
tirar los tejos *den Hof machen*

tener
tenerlo claro *etwas genau wissen* **90/91**

tercera
A la tercera va la vencida. *Beim drittenmal klappt es.* **159/160**

tiempo
no me da tiempo *ich habe keine Zeit dafür* **25**
matar el tiempo *die Zeit totschlagen*
a mal tiempo buena cara *gute Miene zum bösen Spiel* **35/36**
de un tiempo a esta parte *seit einiger Zeit*
Una retirada a tiempo es una victoria. ⟨★⟩ *Ein Rückzug zur rechten Zeit hat den Sieger noch nie gereut.*

tierra
En tierra de ciegos el tuerto es el rey. ⟨★⟩ *Unter den Blinden ist der Einäugige König.*

tiesto
salirse del tiesto *flügge werden*
tirarse los tiestos a la cabeza *sich in den Haaren liegen (den Kram an den Kopf schmeißen)* **13/14**
El que rompe paga y se lleva los tiestos. *Wer eine Dummheit begeht, muß auch die Folgen tragen.*

tintero
quedarse en el tintero *vergessen, zu erwähnen* **3**

tiro
pegarse un tiro *sich erschießen* **140**
salirle a uno el tiro por la culata *der Schuß geht nach hinten los* **29/113/143**
sentar algo como un tiro *übel bekommen* **155/156**
ir de tiros largos *groß ausgehen (mit Abendkleid)* **133/134**

tomate
ponerse como un tomate *rot werden* **51/52**

tono
subido de tono *nicht salonfähig, nicht für prüde Ohren geeignet*

tope
a tope (hasta los topes) ‹› *proppevoll* **18**

tornillo
faltarle un tornillo a uno ‹› *spinnen, nicht mehr alle Tassen im Schrank haben*
Le falta un tornillo. *Bei dem ist eine Schraube locker.*

toro
coger al toro por los cuernos *den Stier bei den Hörnern packen* **77**
ver los toros desde la barrera *aus sicherer Warte zuschauen, während etwas Gefährliches im Gange ist*

tostada
olerse la tostada *den Braten riechen, Schlimmes ahnen* **99/103/104**

trabajo
costar trabajo *Mühe kosten*

trampa
caer en la trampa *reinfallen, in die Falle gehen* **141/142**
una trampa gorda *ordentliche Schulden* **152**

trancas
a trancas y barrancas *unter schwierigsten Umständen, mit Ach und Krach*

trapo
poner como un trapo *jemanden herunterputzen*

trato
trato hecho *abgemacht* **126**

tren
Esta chica está como un tren. ‹› *Dieses Mädchen sieht doll aus.* **52**

tronco
dormir como un tronco *wie ein Stein (Baumstamm) schlafen*

tumba
ser una tumba *schweigen wie ein Grab*

una
más solo que la una *ganz alleine, vereinsamt*

uña
ser uña y carne *sehr eng befreundet sein, ein Herz und eine Seele sein (wie Nagel und Fleisch)*

vago
más vago que la chaqueta de un guardia *stinkfaul*

vaso
ahogarse en un vaso de agua *über jede Kleinigkeit stolpern (in einem Trinkglas ersaufen)*

vela
pasar la noche en vela *die Nacht nicht schlafen* **101**
no tener vela en este entierro *bei dieser Angelegenheit aber auch nichts zu melden haben* **73/74**
quedarse a dos velas *nichts verstehen*

venir
venir a menos *runtergekommen sein (vor allem finanziell)*

ver
Si te he visto no me acuerdo. ⟨★⟩ *Kann mich nicht erinnern, dich schon einmal gesehen zu haben. (Das sagt derjenige, der sich übergangen, nicht gegrüßt oder undankbar behandelt fühlt.)* **111**
¡Cómo te veo! *Was ist denn mit dir los? Was führst du im Schilde?* **95**

verdad
la hora de la verdad *die Stunde der Wahrheit, der entscheidende Moment* **117**

vestir
vestir de limpio *kritisieren, sich das Maul zerreißen*
Vísteme despacio que tengo prisa. ⟨★⟩ *Eile mit Weile.*

vez
cada vez más *immer mehr*
de una vez por todas *ein für allemal* **121**
para una vez que *wenn schon mal* **132**

Vicente
¿Dónde va Vicente?, donde va la gente. ⟨★⟩ *Immer der Masse nach, alle rennen sie dem gleichen hinterher.*

vida
buscarse la vida *sich ein Auskommen suchen* **157**

vista
en vista de *als klar ist, daß* **9**
hacer la vista gorda *ein Auge zudrücken* **17/18**
perder de vista *aus den Augen verlieren* **79**

vistazo
echar un vistazo *mal reinschauen* **34/35**

visto
por lo visto *offensichtlich*

vueltas
darle vueltas al asunto *sich etwas durch den Kopf gehen lassen* **117/145/146**

ya
ya está *Schluß jetzt* **16**

yo
yo que tú *ich an deiner Stelle* **39**

zapato
cada uno sabe donde le aprieta el zapato. ⟨★⟩ *Jeder weiß selbst am besten, wo ihn der Schuh drückt.*
¡Zapatero, a tus zapatos! *Schuster, bleib bei deinem Leisten!*

zumbado
estar zumbado *verrückt sein (ursprünglich beim Boxen: angeschlagen sein)*

1

1. Sólo uno es correcto: **1**.b - **2**.c - **3**.a - **4**.b - **5**.a - **6**.b

2. Dígalo con una expresión: **1**. Lo cogí con las manos en la masa. **2**. Me meaba de risa. **3**. Estoy hasta la coronilla. **4**. En boca cerrada no entran moscas. **5**. Haga la vista gorda. **6**. No tiene pelos en la lengua. **7**. No me comas más el coco. **8**. Me tomas el pelo. **9**. Nos tiramos los trastos a la cabeza. **10**. Vale un ojo de la cara.

3. ¿Cómo sigue la frase? **1**.g - **2**.h - **3**.f - **4**.a - **5**.c - **6**.b - **7**.j - **8**.d - **9**.e - **10**.i

4. Traduzca: **1**. Yo ya no digo nada más, en boca cerrada no entran moscas. **2**. No me lo puedo comprar, es que vale un ojo de la cara. **3**. Está en la cárcel ahora, la policía lo ha cogido con las manos en la masa. **4**. Déjame y no me comas más el coco con tus historias, ¿vale? **5**. Haga como si no hubiera visto nada y haga la vista gorda. **6**. Vente al teatro, te vas a mear de risa. **7**. Es mejor que se separen, no pasa un día que no se tiren los trastos a la cabeza. **8**. ¿Me estás tomando el pelo? **9**. Fernanda dice lo que le parece, no tiene pelos en la lengua. **10**. Cállate ya, ¡que estoy hasta la coronilla!

2

1. Sólo uno es correcto: **1**.b - **2**.c - **3**.a - **4**.c - **5**.a - **6**.c

2. Dígalo con otra expresión: **1**. Va con la hora pegada al culo. **2**. Esto es el cuento de nunca acabar. **3**. Día de mucho, víspera de nada. **4**. El hace su Agosto. **5**. Vamos a pasar la noche en blanco. **6**. A mal tiempo buena cara. **7**. De noche todos los gatos son pardos. **8**. No hay mal que cien años dure. **9**. Más vale tarde que nunca. **10**. En trece y martes ni te cases ni te embarques.

3. ¿Cómo sigue la frase? **1**.g - **2**.a - **3**.f - **4**.e - **5**.j - **6**.d - **7**.b - **8**.i - **9**.h - **10**.c

4. Traduzca: **1**. ¿A qué estamos hoy? Uyy, en trece y martes ni te cases ni te embarques. **2**. No te preocupes, más vale tarde que nunca. **3**. Otra vez se ha emborrachado, esto es el cuento de nunca acabar. **4**. Todos los hoteles estaban completos, así que pasé la noche en blanco. **5**. No llores, no hay mal que cien años dure. **6**. Hombre, es tu jefe, así que ¿qué remedio tienes? A mal tiempo buena cara. **7**. Ahora mismo no puedo, voy con la hora pegada al culo. **8**. Pues, me engañaron. De noche todos los gatos son pardos. **9**. Primero nadie y ahora tanta gente, día de mucho, víspera de nada. **10**. Es muy buen comerciante, siempre hace su agosto.

1. Sólo uno es correcto: **1**.c - **2**.a - **3**.b - **4**.c - **5**.b - **6**.b

2. Dígalo con otra expresión: **1**. Ponerse como un tomate **2**. Está como una cabra. **3**. Tener la mosca detrás de la oreja **4**. Llevarse el gato al agua **5**. Me aburro como una ostra. **6**. Más vale pájaro en mano que ciento volando. **7**. Voy a matar el gusanillo. **8**. A caballo regalado no hay que mirarle el dentado. **9**. Se me pone la carne de gallina. **10**. Me importa un pepino.

3. ¿Cómo sigue la frase? **1**.h - **2**.i - **3**.g - **4**.d - **5**.e - **6**.f - **7**.a - **8**.b - **9**c .- **10**.j

4. Traduzca: **1**. La película duró más de cuatro horas, me aburrí como una ostra. **2**. Cuando la vi en cueros vivos, me puse como un tomate. **3**. No he comido nada desde las dos. Venga, vamos a matar el gusanillo. **4**. Ella sale con otro y él tiene la mosca detrás de la oreja. **5**. Escucho esa música y se me pone la carne de gallina. **6**. No preguntes tanto, a caballo regalado no hay que mirarle el dentado. **7**. Eso de Luisa me importa un pepino. **8**. Más no quiero, más vale pájaro en mano que ciento volando. **9**. ¡Qué bien estuvo Antonio anoche!, se ha llevado el gato al agua. **10**. No le hables, está como una cabra.

1. Sólo uno es correcto: **1**.c - **2**.a - **3**.c - **4**.b - **5**.c - **6**.a

2. Dígalo con otra expresión: **1**. Más sabe el diablo por viejo que por diablo. **2**. Se va a quedar para vestir santos. **3**. Arma la de Dios. **4**. Ha visto el cielo abierto. **5**. Quien llega tarde ni oye misa ni come carne. **6**. Esta tarta sabe a gloria. **7**. Se te va el santo al cielo. **8**. Acabará como el rosario de la aurora. **9**. No tengo vela en este entierro. **10**. Dios los cría y ellos se juntan.

3. ¿Cómo sigue la frase? **1**.g - **2**.b - **3**.i - **4**.h - **5**.c - **6**.j - **7**.f - **8**.e - **9**.a - **10**.d

4. Traduzca: **1**. ¡Qué buena está la paella! Sabe a gloria. **2**. Por fin parece que se ha marchado José. Ahora ve el cielo abierto. **3**. No me quedo, porque no tengo vela en este entierro. **4**. Hombre, llevo 13 años en esto. Más sabe el diablo por viejo que por diablo. **5**. Voy con la hora pegada al culo y se me va el santo al cielo. **6**. No quiero ni pensarlo. Esto acabará como el rosario de la aurora. **7**. Pili, por favor, ya son las once. Quien llega tarde ni oye misa ni come carne. **8**. Cuando se dió cuenta, armó la de Dios. **9**. ¿Qué te vas a esperar de unos tipos así? Dios los cría y ellos se juntan. **10**. Asunta ya no encuentra marido. Se va a quedar para vestir santos.

5

1. Sólo uno es correcto: **1**.b - **2**.c - **3**.a - **4**.c - **5**.b - **6**.a

2. Dígalo con otra expresión: **1**. Quien quita la ocasión quita el peligro. **2**. No hay mal que por bien no venga. **3**. Quitarse el muerto de encima. **4**. Poner las cartas sobre la mesa. **5**. Genio y figura hasta la sepultura.**6**. No entro ni salgo en este asunto. **7**. Desgraciado en el juego, afortunado en amores. **8**. Hacer las paces. **9**. Eramos pocos y parió la abuela. **10**. Niño que no llora no mama.

3. ¿Cómo sigue la frase? **1**.j - **2**.i - **3**.h - **4**.g - **5**.f - **6**.e - **7**.d - **8**.c - **9**.b - **10**.a

4. Traduzca: **1**. Tienes que protestar, porque niño que no llora no mama. **2**. Vamos a hablar abiertamente, pon las cartas sobre la mesa. **3**. Me han tocado tres millones en la lotería y se ha ido mi mujer con otro, total: afortunado en el juego, desgraciado en amores. **4**. Entonces no lo vuelvas a ver, quien quita la ocasión, quita el peligro. **5**. No me preguntes, no entro ni salgo en este asunto. **6**. Este está perdido, genio y figura hasta la sepultura. **7**. Es tiempo ya de que me quite el muerto de encima. **8**. Después de tantos años por fin hicieron las paces. **9**. No te preocupes, no hay mal que por bien no venga. **10**. Primero lo del coche, después lo de Amalia y al final el hospital. Eramos pocos y parió la abuela.

1. Sólo uno es correcto: **1**.b - **2**.c - **3**.a - **4**.a - **5**.b - **6**.c

2. Dígalo con otra expresión: **1**. El que se pica, ajos come. **2**. A falta de pan, buenas son tortas. **3**. El tiene la sartén por el mango. **4**. Yo no entiendo ni papa. **5**. Es el garbanzo negro. **6**. Estoy hecho migas **7**. Me toca/tengo que pagar los platos rotos. **8**. Me huelo la tostada. **9**. Al pan pan y al vino vino. **10**. Vete a freír espárragos.

3. ¿Cómo sigue la frase? **1**.h - **2**.c - **3**.i - **4**.g - **5**.b - **6**.a - **7**.j - **8**.d - **9**.f - **10**.e

4. Traduzca: **1**. En mi casa es mi viejo quien tiene la sartén por el mango. **2**. No confundas las cosas, al pan pan y al vino vino. **3**. Aha, no vienes mañana, ehemmm, ya me olí la tostada. **4**. Que no hay guisqui, sólo hay coñac ... Bueno, a falta de pan, buenas son tortas. **5**. Tu tienes la culpa y yo tengo que pagar los platos rotos. **6**. Qué cosa más difícil, yo no entiendo ni papa. **7**. Escucha, no me molestes más y vete a freír espárragos. **8**. Llevo doce horas sin parar, estoy hecho migas. **9**. No te enfades, el que se pica, ajos come. **10**. No tiene oficio, no tiene familia, no tiene dinero, es el garbanzo negro.

1. Sólo uno es correcto: **1**.a - **2**.c - **3**.a - **4**.c - **5**.a - **6**.b

2. Dígalo con otra expresión: **1**. dejarle con lo puesto **2**. hasta el gorro **3**. de capa caída **4**. ir de tiros largos **5**. estar cortados por el mismo patrón **6**. liarse la manta a la cabeza **7**. ponerse las botas **8**. vivir de gorra **9**. meterse a alguien en el bolsillo **10**. consultar con la almohada

3. ¿Cómo sigue la frase? **1**.f - **2**.e - **3**.d - **4**.c - **5**.b - **6**.a - **7**.j - **8**.i - **9**.h - **10**.g

4. Traduzca: **1**. Pero estos son unos verdaderos criminales, están cortados por el mismo patrón. **2**. Hombre, no lo pienses dos veces, líate la manta a la cabeza. **3**. Le ha tocado el gordo y ahora se pone las botas. **4**. No tiene ganas de trabajar, simplemente vive de gorra. **5**. Me costó mucho trabajo, pero al final me la metí en el bolsillo. **6**. No sé, no me puedo decidir ahora, lo voy a consultar con la almohada. **7**. Nos robaron en Helsinki y nos dejaron con lo puesto. **8**. Cállate de una vez, estoy hasta el gorro. **9**. La música clásica va de capa caída. **10**. Me gustaría mucho ir a una fiesta de tiros largos, pero como mi marido sólo ...

8

1. Sólo uno es correcto: 1.a - **2**.c - **3**.b - **4**.a - **5**.b - **6**.a

2. Dígalo con otra expresión: 1. Venir de perlas. **2**. Tiene que llover mucho. **3**. El que algo quiere algo le cuesta. **4**. Sentar como un tiro. **5**. Caer en la trampa. **6**. A la tercera va la vencida. **7**. El que ríe último ríe mejor. **8**. No digas nunca de esta agua no beberé. **9**. Darle vueltas al asunto. **10**. Dime con quien andas y te diré quien eres.

3. ¿Cómo sigue la frase? 1.d - **2**.c - **3**.e - **4**.b - **5**.f - **6**.a - **7**.g - **8**.j - **9**.i - **10**.h

4. Traduzca: 1. No está nada decidido, todavía tiene que llover mucho. **2**. Dices que nunca te vas a quitar del tabaco, no digas nunca de esta agua no beberé. **3**. ¿Con esa tía sales? Dime con quien andas y te diré quien eres. **4**. Lo siento pero caíste en la trampa. **5**. No le des más vueltas al asunto, vente conmigo. **6**. Esta carta me vino de perlas. **7**. Bueno, seis años de estudios, el que algo quiere, algo le cuesta. **8**. Ya lo intentaste dos veces, bueno, a la tercera va la vencida. **9**. Mira, espera dos semanas, el que ríe último, ríe mejor. **10**. La noticia de su muerte me sentó como un tiro.

REFERENCIAS

Die Ziffer hinter dem deutschen Stichwort gibt an, in welchem Text die spanische Entsprechung zu finden ist.

D

H

I/J

K

L

T

Bei Brandstetter verlegt

Slabý/Grossmann/Illig

WÖRTERBUCH DER SPANISCHEN UND DEUTSCHEN SPRACHE

Band I Spanisch-Deutsch
Band II Deutsch-Spanisch

Bei diesem traditionsreichen Werk, auf dem das lexikalische Wissen mindestens zweier Hispanistengenerationen in Deutschland basiert, haben unzählige Wissenschaftler, Dolmetscher, Übersetzer und allgemein interessierte Benutzer Rat gefunden und es dadurch zu einem Standardwerk werden lassen. Es zeichnet sich u. a. dadurch aus, daß das Wortgut, soweit es nicht zur Gemeinsprache gehört, hinsichtlich der Stilebenen (z. B. Literatursprache, familiärer Umgangston, vulgäre Ausdrucksweise) genau gekennzeichnet ist, wobei ein Wort nicht als isolierter Bestandteil der Sprache, sondern im lebendigen Zusammenhang des Satzes, mit reichem Material an Redensarten und Sprichwörtern sowie eingehender systematischer Behandlung und Einordnung nach Sachgebieten erfaßt ist.

Ernst

WÖRTERBUCH DER INDUSTRIELLEN TECHNIK

Band V Deutsch-Spanisch
Band VI Spanisch-Deutsch

Zuverlässigkeit, Aktualität, benutzergerechte Gestaltung: diese Qualitäten zeichnen die Wörterbücher der industriellen Technik von Dr.-Ing. Richard Ernst aus und haben sie in Jahrzehnten zu Standardwerken werden lassen. Um der rapiden Entwicklung der Technik und ihrer Sprache gerecht zu werden, wird diese Reihe ständig neu bearbeitet.

Závada/Weis/Hinrichs

SATZLEXIKON DER HANDELSKORRESPONDENZ

Deutsch-Spanisch

mit farbigem Index für spanisch-deutsche Benutzung

Unter den alphabetisch geordneten deutschen Stichwörtern findet der Benutzer eine große Zahl von Komposita, Redewendungen, Satzsegmenten und ganzen Sätzen, die es ihm ermöglicht, sich schriftlich leichter in der spanischen Sprache auszudrücken, indem er korrekt zwischen den verschiedenen aufgezeigten Möglichkeiten wählen kann, ohne über profunde Sprachkenntnisse zu verfügen. Mit Hilfe des Registers am Ende des Buches findet der spanischsprechende Benutzer die Stichwörter des deutschen Textteils.

Spanisch und Italienisch

Ein Sprachkurs von Anfang an. Der Zugang zu Spanien und Lateinamerika.

Christof Kehr / Ana Rodríguez Lebrón
Español Uno *Spanisch reden und verstehen. Ein Grundkurs*
(rororo sachbuch 8793)

Español Uno *Toncassette*
(rororo sachbuch 8794)

Español Dos *Spanisch reden und verstehen. Ein Aufbaukurs*
(rororo sachbuch 8845)

Español Dos *Toncassette*
(rororo sachbuch 8794)

Die Sprachbücher von Senzaparole stützen sich auf die lebendigen Erfahrungen aus dem Sprachunterricht. Anhand von Dialogen, Gesprächen und Erzählungen lernen Sie den italienischen Alltag kennen:

Senzaparole
Partire per l'Italia
Italienischkurs für Anfänger
(rororo sachbuch 8795)

Partire per l'Italia *Toncassette*
(rororo sachbuch 8796)

Finalmente in Italia
Italienischkurs für wenig und weiter Fortgeschrittene
(rororo sachbuch 8471)

Finalmente in Italia *Toncassette*
(rororo sachbuch 8472)

rororo sprachen

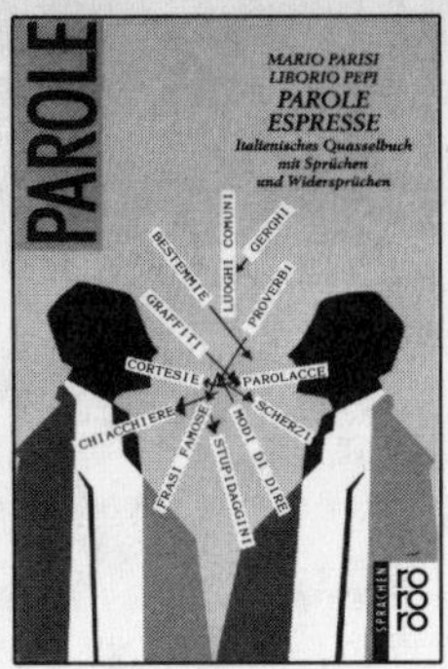

Mario Parisi / Liborio Pepi
Parole Espresse *Italienisches Quasselbuch mit Sprüchen und Widersprüchen*
(rororo sachbuch 8434)

rororo sprachen wird herausgegeben von Ludwig Moos. Das Gesamtverzeichnis der Reihe finden Sie in der *Rowohlt Revue*. Jedes Vierteljahr neu. Kostenlos. In Ihrer Buchhandlung.

Französisch

Französisch von Anfang an. Ein Sprachkurs nah an der Umgangssprache und dem französischen Alltag.

Armelle Damblemont / Petra Preßmar
Français Un *Französisch reden und verstehen. Ein Grundkurs*
(rororo sachbuch 9106)

Français Un *Toncassette*
Zum Auffrischen, Vertiefen und Ergänzen für mehr oder minder Sprachgewandte
(rororo sachbuch 9107)

Claire Bretécher / Isabelle Jue/ Nicole Zimmermannn
Le Français avec les Frustrés *Ein Comic-Sprachhelfer*
(rororo sachbuch 8423)
Plus de Français avec les Frustrés
Ein Comic-Srachhelfer
(rororo sachbuch 8539)

Ahmed Haddedou
Questions grammaticales de A à Z
Tout ce que vous avez toujours voulu savoir sur la grammaire sans jamais oser le demander
(rororo sachbuch 8445)

Robert Kleinschroth
La Conversation en s'amusant
Sprechsituationen mit Witz gemeistert
(rororo sachbuch 8873)

Robert Kleinschroth / Dieter Maupel
La Grammaire en s'amusant
Wichige Regeln zum Anlachen
(rororo sachbuch 8714)

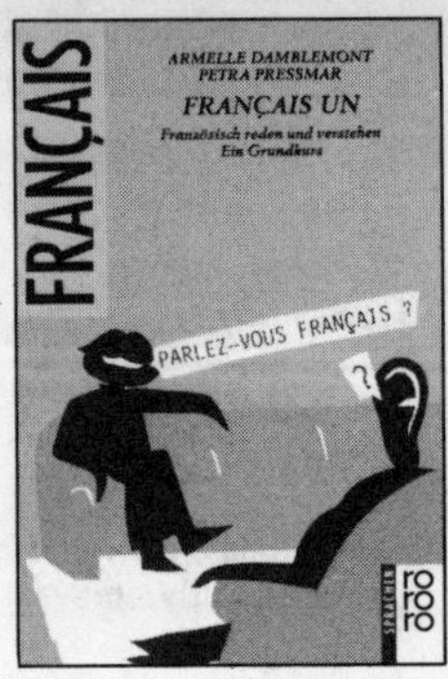

Marie-Thérèse Pignolo / Hans-Georg Heuber
Ne mâche pas tes mots *Nimm kein Blatt vor den Mund! Französische Redewendungen und ihre deutschen Pendants*
(rororo sachbuch 7472)

Jacques Soussan
Pouvez-vous Français?
Programm zum Verlernen typisch deutscher Französischfehler
(rororo sachbuch 6940)

rororo sprachen wird herausgegeben von Ludwig Moos. Das Gesamtverzeichnis der Reihe finden Sie in der *Rowohlt Revue*. Jedes Vierteljahr neu. Kostenlos in Ihrer

rororo sprachen